todavía quedas tú

fernando samalot

PRIMERO
SUEÑO PRESS

ATRIA

Nueva York Ámsterdam/Amberes Londres
Toronto Sídney/Melbourne Nueva Delhi

PRIMERO
SUEÑO PRESS

ATRIA
Un sello de Simon & Schuster, LLC
1230 Avenida de las Américas
Nueva York, NY 10020

Primera edición en rústica de Primero Sueño Press/Atria Paperback, octubre 2026

Publicado originalmente por Simon & Schuster, LLC, en inglés bajo el título *you still have yourself*

PRIMERO SUEÑO PRESS / ATRIA PAPERBACK y su colofón son marcas registradas de Simon & Schuster, LLC

Impreso en los Estados Unidos de América

1 3 5 7 9 10 8 6 4 2

Los datos del Catálogo de la Biblioteca del Congreso han sido solicitados.

ISBN 978-1-6682-3964-3
ISBN 978-1-6682-3965-0 (ebook)

todavía quedas tú

Para mi hija,
Mar de Luz

Juraba entender
el amor

Juraba que entendía
la alegría

Juraba entender
mi propósito

Juraba que entendía
mi vida

pero entonces una mañanita soleada
fue que llegaste tú a mí

y ese día en que tú naciste,
mi amor,

fue el día en que
también yo nací

aunque lo único
que te quede
seas tú

todavía es
un universo entero
lo que tienes

PREFACIO

Recuérdame como un momento del día

El año antes de que naciera mi hija, me uní a un grupo de padres para prepararme a ser el hombre en el que quería convertirme. Al final de una de las sesiones, el facilitador nos hizo una pregunta sencilla:

Si tuvieses que describir la etapa en la que te encuentras en tu vida como un momento del día, ¿cuál sería?

Enseguida, una imagen muy específica me vino a la mente.

Una lluvia suave durante la hora dorada, justo al salir el sol de la mañana.

Ese siempre ha sido mi fenómeno climático favorito. El romance entre la luz y la lluvia hace que se sienta fino el velo entre todo lo que ha sido y lo que está a punto de comenzar.

Una semana después, mi hija llegó en la mañana.

La lluvia cayó suavemente al salir el sol
y la luz de mi vida nació.

Esa imagen y ese concepto se quedaron conmigo para convertirse luego en la forma en que quise presentar este libro.

todavía quedas tú está dividido en cinco secciones, cada una presentada como un momento del día, cada una sostenida por una versión de mí que me ha guiado a través de innumerables ciclos de autodescubrimiento, pérdida y retorno.

La primera luz es "La Historia", un hilo de memorias entrelazador de sucesos que llevaron a la creación de este libro.

La hora dorada es "El Amante", la parte de mí que se siente encantada por la vida, la belleza, la conexión, el asombro y la presencia.

La noche larga es "El Melancólico", el descenso al duelo, la sombra, el aislamiento y el trabajo profundo que ocurre cuando nadie está mirando.

Un nuevo amanecer es "El Sabio", esa sabiduría serena que emerge cuando la experiencia se convierte en comprensión y el sufrimiento cobra sentido.

La estrella vespertina es "El Abuelo", una reflexión sobre mi vida ambientada cincuenta años en el futuro.

Así de abarcador es lo que tienes en tus manos ahora mismo.

Este libro es mi testigo. Una crónica y un testimonio a todas las versiones pasadas de mí que tuvieron que morir y hacerse tierra fértil para que yo pudiera convertirme en quien soy ahora: una colaboración a través del tiempo entre quien fui, quien soy y en quien me estoy convirtiendo.

Mi intención con este libro es que te acompañe tal y como me ha acompañado a mí, sea cual sea la etapa en la que te encuentres. Ya sea que estés disfrutando de la hora dorada de los momentos más altos de tu vida, atravesando una noche larga del alma o finalmente despertando a un nuevo amanecer, espero que este libro te acompañe y te recuerde que cada época tiene su razón de ser y que todo lo que jamás ha ocurrido en tu vida ha servido para traerte más cerca a tu verdadero ser.

prólogo : la primera luz

Todos mis comienzos más hermosos empezaron con un final

¿Qué te queda después de haber perdido todo lo que conocías? ¿Toda la vida que construiste? ¿Tu hogar, tus relaciones, tu carrera, tu comunidad, tu salud, tu identidad y tu sentido de pertenencia?

Una vez escribí estas preguntas en un pedazo de papel arrugado y lo deslicé sobre la mesa hacia mi primer amor verdadero, quien para ese entonces ya había encontrado el amor de su vida en otro lugar, pero en cuya sabiduría yo seguía confiando. Recuerdo la suavidad con la que aguantaba el bolígrafo mientras escribía su respuesta, alisaba los bordes de mi papel roto y me la devolvía.

Todavía quedas tú, me escribió.

Fue la respuesta más sencilla que jamás había recibido, aunque en aquel momento aún no pudiera comprenderla.

Eso fue hace veinte años ya, pero sus palabras se quedarían conmigo y me acompañarían a lo largo de incontables épocas de vida, pérdida y renacimiento.

Algunas de esas épocas se convertirían en el libro que tienes en tus manos.

La primera comenzó en el 2017, cuando el huracán más devastador de mi generación azotó a mi isla, Puerto Rico, y arrancó de raíz todo semblante de la vida que conocí por treinta y dos años. Lo que dejó tras su paso fue una fractura en mi realidad. Perdí mi hogar, mi comunidad, mi relación amorosa de muchos años y la conexión con la naturaleza sobre la cual había construido toda mi identidad artística y sentido de ser.

Lo que siguió fueron algunas de las noches más oscuras de mi vida, literalmente. La casa en la que ahora vivía solo no volvería a tener electricidad por meses. En esas noches largas, me vi obligado a enfrentar una oscuridad interior que llevaba años evitando. Muchas noches me sentía atormentado por mis decisiones, mis errores y las fallas en mi carácter. Me sentía atrapado en mi desesperación hasta que llegué a mi punto más bajo, al mismo borde del desamparo.

Fue allí, cuando toda esperanza parecía perdida, que me llegó un regalo para cambiar el rumbo de mi vida.

El regalo llegó en forma de una cámara, una herramienta que me permitiría pasar los próximos dos años viajando en solitario por el mundo como artista y poeta errante.

Muchos de los poemas en este libro nacieron durante ese tiempo.

Estar a solas conmigo mismo, tan lejos del hogar que conocía y libre de cualquier idea preconcebida de quién tenía que ser, me enseñó a pertenecer a mí mismo.

Notar cómo me presentaba ante un mundo desconocido, con un corazón abierto y sin miedo, transformó por completo la relación conmigo mismo.

Fue la primera vez en mi vida que verdaderamente sentí que amaba a la persona en la que me estaba convirtiendo.

Y entonces, la vida volvió a cambiar.

Al final de ese largo viaje, regresé a Puerto Rico en el 2019 y entré en una relación que terminaría siendo uno de los capítulos más formativos, acelerados, expansivos y desafiantes de toda mi vida.

Recuerdo haber leído en algún lado que, si quieres evolucionar a un ritmo acelerado o adquirir una sabiduría incomparable, deberías hacer una de tres cosas: casarte, tener un hijo o desarrollar una enfermedad grave.

La vida, en toda su genialidad tan trágica y cómica, optó por ofrecerme las tres, una tras otra, sin pausa, todo en el transcurso de apenas dos años.

Cada uno de estos ritos transformadores trajo sus propias exigencias. Me pidieron soltar partes de mí y disolver identidades que había cultivado.

En ese proceso, resurgió un viejo patrón que me resultaba demasiado familiar. Confundiendo el autoabandono con la devoción, empecé a sacrificar partes de mí que nadie me había pedido siquiera que dejara. Dejé de escribir. Dejé de crear arte. Dejé de cuidar todo aquello que me hacía sentir vivo, creyendo que esa era la manera de proteger la paz que estaba intentando construir.

Algunos de esos sacrificios me hicieron el hombre y el padre que soy hoy, y por eso estaré eternamente agradecido. Otros, sin embargo, se transformaron en heridas y resentimientos muy profundos, tanto así que mi cuerpo me fallaría y me obligaría a pasar la peor parte de tres años viviendo con una enfermedad neurológica que nadie podía nombrar ni explicar.

En busca de respuestas, en el 2022 mi pequeña familia de tres se mudó a la ciudad de Nueva York. Allí llegué, un hombre roto, desorientado y sin saber ya quién era, más allá de mi dolor y mis responsabilidades.

Lo que no esperaba era cuánto me iba a sostener esa ciudad.

Nueva York no dio respuestas a mi condición, pero sí me dio permiso para reconstruirme como artista, como hombre y como un ser humano de nuevo. En la ciudad más ajetreada del mundo, encontré comunidad, encontré expansión, encontré presencia y reencontré una versión de mí que juraba haber perdido.

Durante los tres años que vivimos allí, logré llevar una vida como artista a tiempo completo y tuve la oportunidad de viajar por el mundo, apoyado en un bastón, para exhibir mi arte. Fue en ese entonces que decidí publicar mi primer libro de poesía, de aquella época ya lejana en la que fui poeta viajero.

Recuerdo pensar: *no creo volver jamás a escribir otro libro, pero al menos quisiera inmortalizar esa versión pasada de mí.* Incluso mientras construía un nuevo mundo, seguía idealizando mis anteriores vivencias, hábito recurrente. Creía que, si alguna parte de mí merecía ser preservada, era la versión joven, salvaje, libre, conectada y sana. En mi visión original de este libro no había espacio para el enfermo, casado, frustrado, padre a tiempo completo en el que me había convertido.

Fue desde ese lugar que se concibió por primera vez este libro.

Durante largos meses, trabajé en el manuscrito con la intención de publicarlo yo mismo en silencio. Lo veía como un gesto de cierre, una manera de reunir los poemas de mis años de viajes y ofrecerlos tal y como eran, sin expectativas.

Fue mi esposa quien me animó a pensar de otra manera. Ella confiaba en que mis escritos merecían un mayor alcance.

Y fue así que decidí buscar un contrato editorial, con lo que suponía que era mi manuscrito ya terminado.

Cuando por fin se me dio, cuando la editorial de mis sueños mostró interés en mi trabajo, se sintió tan validante como irónico. Ya yo había aceptado la idea de que no volvería a escribir otro libro, solo para enterarme de que la vida tenía otros planes para mí.

Nos encanta el libro y lo queremos, dijo la editorial.

Solo que necesita ser el doble de largo.

Ah, mira pallá.

Qué poético, ¿no?

Tenía que escribir otro libro entero.

Casi inmediatamente luego de firmar el contrato, mi vida comenzó a desmoronarse de nuevo.

En un giro repentino que jamás anticipé, nuestra familia tuvo que volver a Puerto Rico, un lugar que llevaba mucho tiempo sin sentirse como mi hogar.

Lo que encontré al regresar no era la isla que había dejado años atrás, sino una orilla aislante, llena de viejas heridas y duelos sin resolver. Irme de Nueva York me arrebató de la comunidad que había encontrado; y el *momentum* creado para mi carrera artística paró en seco.

Luego, apenas dos meses después de nuestro regreso, y a pesar de los mayores esfuerzos por calmar la marea, la fundación de mi matrimonio cedió. Eso es lo que pasa cuando construyes en la costa. Elegimos entonces dejar que el océano reclamara lo que nos quedaba y permitir que nuestra relación se transformara en una de crianza compartida consciente y respetuosa.

En muchos sentidos, volví a encontrarme en un lugar familiar, parecido a donde había estado antes. Solo que esta vez, la pérdida era mucho más profunda.

La mudanza, la separación, el duelo y la tarea de rehacer mi vida por mí mismo me paralizaron por completo. No podía escribir. Ni una sola línea. Así pasaron meses mientras veía fecha tras fecha de entrega pasar y seguía pidiendo extensión trás extensión, dudando si tan siquiera iba a poder completar lo que había comenzado.

Aún no entendía que esta época sin escritura no era un fracaso, sino mi iniciación.

Me tomó tanto tiempo terminar el libro porque todavía tenía que vivir su último capítulo antes de poder completarlo.

No era que yo estuviera escribiendo este libro. *Era que este libro me estaba escribiendo a mí.*

El día de los padres del 2025, tras algunos meses de estar conviviendo en familia con una nueva dinámica, por fin me mudé solo a un pequeño estudio escondido en un bosque, en el pueblo donde crecí.

Esa primera noche, algo en mí finalmente cedió.

Como un río que llevaba años seco y de pronto se revive con un aguacero torrencial, las palabras comenzaron a fluir.

Y una vez que comenzaron, no se detuvieron.

Día tras día. Noche tras noche. Todo se desbordó. El duelo, el alivio, el soltar, el recordar. Ahí finalmente entendí que la versión de mí que una vez no consideré digna de estar en este libro era precisamente la que este libro estaba esperando. La que YO estaba esperando.

No al hombre que viajó por el mundo.
No al hombre que se enfermó y se perdió a sí mismo.

Sino al hombre que todavía está aquí.
Escribiendo estas palabras.

Presente. Abierto. Vivo.

Por fin capaz de permitirme estar exactamente donde estoy: adentro del caos, la profundidad, la belleza y la verdad de este momento.

Así que, cuando pregunto: ¿qué me queda después de haberlo perdido todo?

Me queda todo lo que he sido.
Cada parte de mí que he amado, perdido y recuperado.

Todavía quedo yo.

la hora dorada

El Amante

Hay varios momentos clave en mi vida que definieron el significado del amor para mí.

La versión del amor que aprendí de niño, en películas, libros y trabajos de ficción, me vendió la idea de que se trataba de una emoción incontrolable, intensamente dramática, abrumadora y hasta casi fatalista; una fuerza capaz de elevarme hasta los cielos más altos o hundirme en los infiernos más profundos.

Desde que tengo memoria, especialmente en mi niñez, siempre fui un enamorado sin esperanza, y esta versión del amor, basada en el enchulamiento, el deseo, las ansias y el apego, para mí tenía todo el sentido del mundo.

Así que me comí el cuento.

Total y completamente.

¡Buen provecho, mi nene!

Tempranamente en mis procesos, tras ciclos de temas recurrentes y patrones repetidos, cartas de amor rechazadas y poemas hechos cantos, entendí que yo vine a este mundo para aprender lo que verdaderamente es el amor. ¿Y de qué forma aprendería? Pues, viviendo y experimentando casi todas las versiones de lo que el amor no es.

Algunos dirían que este niño hipersensible, con el corazón más abierto del mundo, ya estaba condenado desde un principio, pero yo no creo eso.

Detrás de cada dolor y cada desamor, siempre había una nueva profundidad y dimensión del amor esperándome para revelarse.

El amor no correspondido me enseñó a amar incondicionalmente. A entender que el amor era mío para dar, y que amar, en sí mismo, ya era un regalo, aunque no fuera recíproco.

Los celos me enseñaron que pertenecer no es lo mismo que poseer y que yo prefiero mil veces estar envuelto en flores que en cadenas.

La traición y la infidelidad me enseñaron la importancia de la honestidad radical, la comunicación abierta y el crear confianza basada en verdades sin máscara.

El apego y la codependencia me enseñaron la importancia de los límites saludables, y de siempre mantenerme fiel a mí.

El control y la dominación me enseñaron que la devoción se inspira, no se exige y que el amor más verdadero que yo podía ofrecer era el sentimiento de la libertad. La libertad para ser, para sentir, para escoger y para ser escogido.

Todas estas lecciones que aprendí, quizás demasiado temprano, se centraban en una manifestación externa del amor que siempre había estado dentro de mí. Primero tenía que experimentar versiones del amor en relación con otras personas, antes de poder enfocar mi mirada hacia adentro y llegar, por fin, a donde siempre tuve que llegar.

Mi hora dorada.

El momento en que conectaría con el amor efímero y siempre cambiante de la Naturaleza.

Lo que aún faltaba en mi búsqueda por entender el amor, lo encontré por fin al adentrarme en el mundo natural.

¿Alguna vez has presenciado un instante tan hermoso que sientes que el tiempo se detiene? ¿Un momento que quisieras que durara para siempre? Como flotar en un océano de bioluminiscencia con la Vía Láctea adornando el cielo; o ver la luz del sol iluminar el valle rodeado de montañas en el que finalmente te sentiste en casa; quedarte dormido sobre tierra húmeda en un bosque lleno de luciérnagas, o despertar con una llovizna cayendo a la hora dorada en la mañana en que nació tu primer hijo.

Todos estos momentos guardan un tipo de amor y belleza para los cuales antes no tenía palabras, pero que por fin aprendí a apreciar.

Es la belleza de la impermanencia.

La impermanencia me enseñó que el amor que siempre estuve buscando no vive solamente en otras personas. Siempre ha estado a mi alrededor. En el aire frío de la montaña que me acaricia la piel; en la marea tibia del Caribe que cruzó océanos enteros solo para llegar a mis pies; en el primer rayo de luz que brilla sobre las gotas de rocío; y en la neblina mañanera que se exhala lentamente por la tierra.

El amor nunca fue algo finito. No era transaccional. No es algo capaz de perderse ni desperdiciarse. Para este amor, basta solo con presenciarlo. Como una flor que admiras pero que no necesitas recoger para apreciar.

Este amor es una forma de observar.
Una forma de ser.

Un amor hecho de asombro.
Un amor hecho de conciencia.
Un amor hecho de una Expresada y Sublime Presencia.

A cualquier versión del amor que esté viva en ti ahora mismo: ya sea romántica, devocional, no correspondida, incondicional, familiar, natural o simplemente presente. Espero que recibas todas las visiones del amor que existen en estas páginas, y que conectes con la que más necesites.

Que finalmente te encuentres viviendo en tu propia hora dorada.

Te ofrezco un intercambio,
me dijo.

Todo lo que tienes
por todo con lo que has soñado.

No lo entendía al momento,
pero la vida tenía planes para mí.

Vive,
ama
y escribe,
me dijo.

La historia contada
a través del valle de mi alma.

Y entonces,
así hice.

Y entonces,
así hago.

Mi mundo sí que ha crecido desde entonces.

Siento que mi corazón también.

Siento mi corazón.

El amor es real. Es vasto e infinito. No es algo que hay que medir ni guardar en un frasco en la tablilla más alta de la alacena por miedo a que se nos acabe. ¿Cómo podría caber el océano entero en solo una taza? Es que así no se puede. El amor es tan vasto como su naturaleza es ser libre. Fluye, crece y brilla en los espacios entre nosotros y mientras más amamos, incondicionalmente, con entrega, sin apego y sin miedo, más hermoso florece.

No temas, mi amor, el amor verdadero jamás se desvanece. Es un estado del ser al que llegamos amando más, y más, y más, y más.

Así que intenta esto, corazón: ama más, teme menos y en algún punto en el camino, te encontrarás.

Nos encontraremos.

Necesito que recuerdes esto.

A pesar de quien hayas sido
o de lo que hayas hecho.

Aún mereces vivir.
Mereces alegría.
Mereces perdón.
Mereces apoyo.
Mereces compasión.
Mereces entendimiento.
Mereces amor incondicional.

Aún.
Lo.
Mereces.

Así que
por favor
permítete recibir.

Permite
que te vean como eres.

Permite
que te amen por quien eres.

Que te amen como siempre has merecido.

Que te amen
—como yo siempre te he amado.

Mi corazón,

no necesito
verte
aguantarte
ni poseerte
para amarte

¿cómo podría pedirle al viento
que se aquiete solo por mí?

yo solo quiero amarte
como una brisa suave

acariciar tu piel
jugar con tu pelo

llenar mis pulmones
con pensamientos de ti
y luego exhalarte al aire de nuevo

para que a donde sea que tu corazón vuele
donde sea que el viento te haya llevado
encuentres mi amor por ti

siempre presente
siempre dispuesto
siempre liviano

Quiero conocer las partes secretas
del jardín de tu corazón.

No solo las bellas
y las que florecen.

Muéstrame tus espinas
y tus hojas marchitas.

Quiero amar todo lo que te hace quien eres.

¿Podrías pausar aquí un momento?
¿Podrías escuchar con el corazón abierto?
sin esperar que yo salga a pescarte,
ni tener que pedir o rogarte

si al fin y al cabo,
to' esto lo comparto para ti…
aunque en verdad
sea mayormente
para mí

la velocidad a la que han pasao estos años
ha convertido la atención en un lujo
y honestamente no creo
que ese ritmo funcione pa' mí

no quiero apresurar esta etapa
o compararme con la vida de otros
o sea,
compartir mi verdad más honesta,
fue la razón por la que vine aquí

así que eso es precisamente lo que haré

hacer de mi vida un acto largo y perpetuo
de entrega desinteresada
incondicional y desenfrenada
una resplandeciente y honesta
expresión de mi sublime presencia

cada año
la primavera
renace y florece

una
y otra
y otra vez

sin importar
cuán duro
haya sido el invierno

créeme

tú puedes también

nosotros
podemos
también

Ay,
mi amor,

esta luz que ves
y amas en mí.

Está en ti también.

Yo soy solo el reflejo
de lo que brilla en tu ser.

si todo lo que tendré contigo
es este efímero momento
aún más voy a querer amarte

antes de que te lleve el viento

Deja que salga todo

de donde sea en tu cuerpo
que esté viviendo el dolor
sea cual sea la angustia
que duerme en tu corazón

deja que la luz alcance
hasta las partes más oscuras

y deja que salga todo
para finalmente recibirlo

no con miedo
ni con resentimiento
no con traición
ni con arrepentimiento

sino solo con amor

como siempre lo has merecido

Solo en Amor

El amor necesita espacio para crecer.

Un espacio sagrado.
Una calidez que te arropa.
Una caricia liviana.
Un sonido consolador.
Una presencia calmante.
Un abrazo que perdona.

El amor necesita delicadeza

y nosotros también.

Nosotros también.

Puede que no te conozca,
pero te amo por el simple hecho
de que estás aquí.

Una gran parte
de aprender a amarte
es permitirte recibir amor.

Es rodearte de quienes te ven
por quien verdaderamente eres
y te atesoran
en toda tu honesta, vulnerable,
caótica y hermosa gloria.

Reconocer tu valor infinito
el cual es tuyo tan solo por existir
significa que nunca
te conformarás con menos
de lo que mereces.

Si algunas de mis palabras resuenan contigo, es porque ellas también viven en ti. Somos todos mensajeros sirviendo para recordarnos nuestras verdades más profundas. Ya sea intencional o inconscientemente, siempre estamos canalizando justo lo que necesitamos escuchar para sanar.

De esta manera,
yo aprendo tanto de ti y siempre intento ser mejor.

De igual forma,
tú aprendes conmigo y así es que crecemos juntos.

Si esto nos hace sonar profundamente conectados,
es porque lo estamos.

Es porque lo estás.

Yo solo estoy aquí para recordártelo.

por si
no logras encontrarlo
en ningún otro lugar
hoy

aquí está

un regalo de
amor incondicional

no tienes que ganártelo
ni siquiera devolverlo

solo recíbelo
si lo necesitas

y recuerda
que lo mereces

simplemente
por ser

siempre
te lo has merecido

¿puedo quedarme en este recuerdo?
¿guardar tan solo este?

aun cuando mi memoria se desvanezca
¿puedo regresar aquí
y perseguir este atardecer
contigo para siempre?

¿puedo guardar tan solo este?

por más lejos que estés de mí
serás por siempre parte de mí

no tienes que ir tras de mí,
dijo ella.

Solo ve a donde te lleve la luz
y me encontraré contigo
en el camino.

A lo largo de muchos de mis años formativos, solía ser una persona muy apegada en mis relaciones. Tendía a amarrar mi identidad y sentido de seguridad a los demás, mientras inconscientemente les imponía mi idea errónea de lo que era "para siempre".

Este acercamiento estaba condenado a crear sufrimiento, además de fracasar, pues la realidad tanto de la gente como de la naturaleza es que todo está en constante cambio y transformación.

La vida es movimiento: es una inhalación y exhalación; es efímera y pasajera y es en esa impermanencia que se encuentra su verdadera belleza.

Una vez que solté la idea de que las cosas tenían que durar para tener un significado real, logré abrir mi corazón y mi vida a un nivel nuevo de profundidad emocional y conexión. La vida pasó a consistir en ser testigo, presenciar y apreciar las cosas y las personas tal y como eran, en el momento que estaban ante mí.

De la misma manera que atesoraba el viento soplando en mi pelo o las olas que cruzaron todo un océano solo para acariciar mis pies por un instante, así aprendí a amar como un acto de presencia.

La forma de amor más verdadera y liberadora que jamás he conocido.

siempre fue fácil para mí
encontrar belleza en tu suavidad

mi luz dorada
que me guía

así que supe que el crecimiento había llegado
cuando,
bajo el duro sol del mediodía,

quedé deslumbrado
por tu resplandor

cuando la vida nos muestre su belleza
me quedaré asombrado junto a ti

cuando la vida se sienta aterradora o incierta
forjaremos juntos el camino

cuando la vida se ponga difícil
te recordaré que somos valientes

cuando la vida se llene de tristeza
yo seré tu refugio por siempre

en esta y todas las vidas
dondequiera que estemos

más que toda el agua del mar
y toda la luz en el cielo

es así

mi corazón está en tu corazón

y la parte de mí que vive en ti
siempre amará
la parte de ti que vive en mí

El Amor y La Luz se encontraron en un bosque
y de su unión viniste a existir

luego al despertar de ese sueño tan dulce

llegaste a mí
llegaste a mí

la vida puede sentirse
así de liviana

luego de una llovizna
acostarme en la grama

y dejar que la brisa
se lleve mi anhelo

lejos del valle del viento

la verdadera intimidad vive
debajo de todas las capas
y máscaras que llevamos
entre nosotros

si quieres tender un puente
sobre el gran vacío
que separa
tu corazón del mío

muéstrame
muéstrame

muéstrame quién
de veras eres

estuviste en silencio por tanto tiempo
que pensé que me habías olvidado
pero cuando el viento comenzó a levantarse
y todos mis recuerdos de ti se elevaron
sobre las cimas de nuestras montañas
juré haber escuchado tu voz

aún después de todo este tiempo,
sigue siendo mi sonido favorito.

el amor caerá sobre ti
como una llovizna al amanecer

ella es un río rugiente
y un fénix en llamas
desbordándose
llena de vida

si no puedes convertirte
en un recipiente
para sostenerla
elevarla
y avivar su fuego

tendrás entonces
que dejarla ser

déjame ser

quiero ser el viento
que aviva la llama
ardiendo en tu corazón

mi amor

aquí estoy
pensando que ya te conozco

y una vez más

me vuelves a sorprender

ya veo

aún hay mundos escondidos
en ti

que me quedan
por descubrir

te dejé un regalo

escondido
en la primera vez
que tus ojos brillantes
se encontraron con los míos

puede que
no me recuerdes
como yo era
para ese entonces

pero
yo nunca olvidaré

aún cuando todo lo que quede de mí
sea apenas un recuerdo

mi amor
seguirá viviendo

latiendo suavemente
en tu pecho

me dejé olvidar otra vez
por un momento
por qué fue que ella me eligió

mil veces
me he perdido
y cada vez,
desde la oscuridad

fue tu luz

la que me guio

la semilla que sembraste en mí,
la nutrí con todo mi amor

y ahora,
tras años de devoción

la semilla
por fin floreció

no dejes jamás
que el mundo te convenza
que la suavidad es debilidad

campos de luz
crecen bajo tus pies
cuando caminas
con gracia y vulnerabilidad

no estoy esperando hasta mañana
no estoy contando con "para siempre"

quiero sentir amor
dar amor
y ser amor

aquí y ahora

aún si todo esto
vuelve a desvanecerse
entre mis dedos

no cargaré con
arrepentimiento

ni dudas, ni excusas,
ni añoranza por más

yo fui quien fui
y di lo que di

presente y agradecido
en cada parte de mí

no puedo pensar en un final más feliz que ese

todos mis pasados y mis futuros
laten suavemente en tu pecho

cargados por el viento
a un lugar donde solo tú puedes sentirlos

yo seré tu reflejo

para que puedas verte como yo te veo
para que puedas amarte como yo te amo

rodéate de aquellos
quienes amen
como tú amas
y nota
como tu mundo
de repente
se ilumina

mi amor cruzó todo un océano
solo para abrazar tu orilla

Yo nunca estaba buscando un amor fácil. De esos que te tiras de cabeza y te quedas por las nubes. Un amor de expectativas irreales inevitablemente destinadas a decepcionar.

Ya ese cuento me lo había leído y vivido dos o tres o cien veces.

Lo que yo de veras quería, en mi silencio y soledad, era un amor más que nada dispuesto. Dispuesto a dar cara y presencia. Dispuesto a ser crudo y real. Dispuesto a enfrentar y abrazar tanto la luz como la oscuridad. Dispuesto a adueñarse de lo suyo y aprender y crecer por eso.

Un amor dispuesto a hacer el trabajo.

Para que entonces, dentro de unos años, cuando mire hacia atrás al camino invisible que fui forjando y vea la felicidad y la paz que construí, pueda tener la satisfacción de saber que no fue solo un regalo de los dioses ni un alineamiento de las estrellas, sino el resultado de la energía y el trabajo que conscientemente le puse.

Me recuerda a algo que mi padre me dijo una vez y que se quedará conmigo para siempre.

En una jornada que se sentía como el final, me dijo:

"En los días fáciles, me siento agradecido. En los días no tan fáciles, que han sido muchos, también me siento agradecido. ¿Por qué?

Porque sé que estoy exactamente donde elegí estar".

Allá en nuestro principio, en la cercanía de nuestro abrazo, ella me miró a los ojos y me dijo: "Yo te mantendré salvaje y tú me mantendrás a salvo".

Fue una de las primeras promesas que nos hicimos.

Claro, en ese momento no teníamos manera de saber que lo que nos estábamos ofreciendo inevitablemente se convertiría en aquello que más nos pondría a prueba.

La vida tiene una forma curiosa y a veces hasta cruel de entregarnos nuestras lecciones.

Sanar no siempre es bonito. La verdad es que casi nunca lo es. No hasta que ya estás al otro lado. De veras puede ser lo más doloroso y desafiante que hagas en tu vida, y eso es cuando lo haces a solas. Hacerlo con otros le añade un universo entero de profundidad y complejidad. Hay días en que terminas cuestionando todo: cada cosa que hiciste, cada decisión que tomaste, cada paso que diste. A veces puede deconstruir todo lo que pensabas saber de ti.

Entonces, si es tan difícil... ¿por qué quedarse? ¿por qué aguantar?

Yo solo puedo hablar por mí, pero en mi vida, mis pruebas más duras y más desgarradoras siempre han sido seguidas por los momentos de crecimiento y expansión más transformadores, en los que mi corazón se abre más que nunca.

Yo siempre lo he sabido.

Por eso siempre he decidido seguir hacia adelante.

Porque en mi corazón de corazones, siempre he sabido
que al otro lado de esos mares tormentosos existe un
mundo nuevo esperando por nosotros. Un mundo
donde finalmente podemos estar

salvajes
a salvo

y libres.

El trabajo interno que hacemos no es solo para nosotros. Toda la humanidad se beneficia del amor en el que nos convertimos. Cuando sanamos nuestras heridas, ese amor resuena por nuestras raíces y hasta llegar a sanar nuestro sufrimiento ancestral. Cuando sanamos, todos nuestros pasados y futuros sanan también. Yo estoy sanando no solo por mí, sino por todos nosotros y por quienes vendrán después. Quiero dejar algo de verdadero valor para cuando finalmente cruce al otro lado.

Quiero que el mundo herede mi amor.

todos los lugares donde he estado
y todas las personas que he amado

se han vuelto parte de mí

recuerdo la sensación de cercanía
de ser sostenido
de ser amado

recuerdo simplemente ser

recuerdo cómo te sentías
cómo te veías
cómo olías
mientras recostaba mi oído en tu pecho
y escuchaba ese latido familiar

era el sonido de mi hogar

recuerdo acercarme más a ti
hasta sentir tu aliento en mi piel

fue en esa cercanía
que te vi brillar
como un rayo de luz
que atravesó el bosque
y me susurró:

gracias
y adiós

me despedí del sol

"tú déjame irme
y yo te dejaré ser"

nuestro último acto de amor

la noche larga

El Melancólico

Solía temerle a la oscuridad hasta que entendí que de ella es que nace mi luz.

Como la semilla que tiene que atravesar capa tras capa de tierra antes de poder bañarse en la luz del sol como una flor, o la oruga que se disuelve por completo en su crisálida para transformarse en mariposa. Una cosa está clara: no es huyendo de la oscuridad, sino entregándonos a ella que ocurren las transformaciones más profundas.

Esto ha sido una verdad para mí también.

Mucha de la luz con la que he cargado este libro viene de algunas de las noches más largas y oscuras de mi vida. Noches en las que no hubiese sobrevivido si no fuera por *El Melancólico,* una versión de mí que me ha acompañado desde que tengo memoria de sentir y expresar emoción.

Esa misma sensibilidad y corazón abierto que dieron vida a *El Amante* fue la que, al encontrarse con dolor, desamor, rechazo o humillación, se derrumbaba y enterraba en las partes más profundas y oscuras de mí. Allá abajo, en esas profundidades de aislamiento, echó raíces y por años se quedó ahí: sintiéndose invisible, inaudito e indigno de ser querido.

Durante gran parte de mi vida, fue esa parte de mí con la que más batallé, y pasé muchos de mis años formativos aprendiendo a aceptarla y cuidarla.

En una época particular en mis veintitantos, mientras vivía en una comuna agrícola con unos amigos, el trabajar de tan cerca con la Tierra nuevamente me traería una de las lecciones más profundas de mi vida. Esta vez me enseñó que, al nutrir y cuidar un jardín, no basta con recortar la maleza en la superficie y creer que el trabajo ya está hecho. El verdadero crecimiento te pedirá que te arrodilles, hundas las manos profundamente en la tierra, que encuentres la raíz y desentierres eso que no se ve, pero se siente. Y entonces, cada cosa que arrancas, cada versión marchita de quien solías ser, acabará formando parte del mismo suelo del cual una nueva vida brotará.

Llegué a entender que mi tristeza nunca fue un obstáculo para mi crecimiento, sino un nutriente esencial en el jardín de mi ser. Sus raíces, extendidas a lo largo de toda mi vida, se entrelazan y forman un mapa de quien he sido, quien soy, y de todas las partes de mí que aún necesitan mi amor.

Al final, eso era todo lo que mi tristeza me pedía: que la cuidara con compasión, que la escuchara con paciencia y que la nutriera con gracia.

La Noche Larga es mi invitación a sumergirnos en las profundidades de nuestra melancolía y descubrir qué verdades ocultas la oscuridad nos quiere revelar.

Ven. Sumérgete conmigo.

Por favor,
trátame suavemente.

Me he desgastado
de tanto tener
que ser fuerte.

todo se siente
como si fuera la primera y última vez

como si me estuviera despidiendo
justo cuando estoy llegando

como si mañana no estuviera garantizado
y este momento es lo único que tengo

pero justo cuando lo entiendo

ya se pasó

Asustado, avergonzado, pequeño, débil, solo, incomprendido, ansioso, inseguro, atrapado, invisible, irrelevante, redundante, insignificante, abandonado, traicionado, reemplazado, ridiculizado, rechazado, exiliado, silenciado, olvidado…

Por más duro que sea
y por más que me pese,

tengo que seguir recordándome:

Soy mucho más
que lo que mi dolor
dice que soy.

soy la sal de la tierra
derramada sobre heridas reabiertas

las montañas escarpadas
que hacen y deshacen mis huesos

el viento frío del invierno
y la tela suave sobre tu piel
que nunca fue suficiente
para calentarte

soy todo lo que siempre he sido
y nada como tú me has visto

por favor

devuélveme al silencio
donde mi soledad es sagrada
y que por fin recuerde
que el dolor
como todo
es solo temporal

este momento
como todo

es solo temporal

Sé que puede ser agotador.

Todos estos pensamientos que cargamos. Tantas expectativas, decepciones, arrepentimientos e ideas de lo que pudo o debió haber sido. Ay, cariño mío. El día que decidas reenfocar toda esa energía hacia ti, te darás cuenta. No tienes por qué cargar todo ese peso. No hay por qué fastidiarse la espalda.

Prométeme esto: la próxima vez que te pierdas en esos pensamientos, sólo recuerda respirar.

Respira en este momento presente.

Solo quédate aquí.
Conmigo.
En este momento.

Donde solo el amor puede vivir.

no quiero que mis sueños
se escurran entre mis dedos
solo porque no me atreví
a soltar

aún aquí tirado
marchito y olvidado

verla
en todo su esplendor
me recordó
que yo también

algún día
volveré a florecer

te pido,
mi querida luz,

no permitas
que me pierda
de tu amorosa presencia
por andar añorando
mis memorias

yo solo quiero
estar presente
aquí y ahora

Un patrón que he notado:

No importa cuán bien esté actualmente, tengo la tendencia de mirar hacia atrás y romantizar quién fui en el pasado.

Ya sea porque era más joven, más saludable, estaba en mejor forma, era más conocido, tenía más amistades y menos responsabilidades —siempre se siente como si moverse hacia adelante terminara costándome partes de mí que amo.

Esto, por supuesto, es una trampa mental. Un patrón de comportamiento que repito cuando me siento infeliz con donde estoy.

Lo útil de las trampas mentales es que podemos entrenarnos para salir de ellas y, en el proceso, transformarlas en herramientas poderosas de crecimiento.

Si logras trabajar en ti con paciencia y compasión —es decir, la paciencia para repetir el mismo error miles de veces y la compasión para amarte, darte gracia y apoyarte durante todo el proceso— entonces, esperándote al otro lado de esa lucha, está una versión más liviana, saludable, feliz y liberada de ti.

Es un trabajo de por vida, y el compromiso lo es todo.

Por eso me lo repito cada vez que me noto alejándome del momento presente:

Yo solo quiero estar aquí y ahora.

Yo solo quiero estar aquí y ahora.

Yo solo quiero estar aquí y ahora.

Entonces:
aquí y ahora,
estoy.

Yo sé que vas a encontrar la manera.

Tu manera.

Me he puesto demasiado cómodo en mi tristeza. Aun estando claro que nadie ha cambiado el mundo desde su zona de confort.

No es que yo tenga una ambición así de grande.

Yo solo quiero cambiarme a mí.

Demostrarle a mi yo interior que puedo sacarme de esto.

Mírame bien,
corazón mío,
to' enredao y agotao

Mírame comenzar de nuevo.

Aun si existiera la posibilidad
de que las cosas no mejoraran.

Aun así
tengo que tratar.

No puedo seguir esperando
a encontrarme de nuevo.

A que me vuelva la chispa.
A que el amor me regrese.

Me toca entonces
desenterrar
una nueva manera
de ser.

Permitirles a las aguas
que fluyen en mí
transformarse y renacer.

Aquí,
en este caos,
en esta oscuridad,
en esta incertidumbre.

Únicamente aquí y ahora
lograré finalmente ser nuevo.

Nuevo.

De nuevo.

Por la primera vez.

por más terrible que pueda ser el mundo

estoy a salvo aquí

conmigo

Tal vez
la respuesta que estoy esperando
me llegará flotando
con la marea alta.

A su vez

puede ser que nunca llegue.

Estoy aprendiendo
a hacer las paces
con lo que sea
que la vida me entregue.

En algún lado la dejé perder,
la suavidad en mi corazón
que tanto quise proteger
pero aun así
en lo profundo de mi silencio
escondida debajo
de la vergüenza que siento
juro que escuché
una voz suave susurrar:

"Está bien.
Cada día nuevo
podemos elegir amar".

Así que
pues
al menos tengo eso,
¿verdad?

Al menos tengo un día nuevo
para volverlo a intentar.

Al caer la noche abro portales
a lo más profundo de mi anhelo

debajo
de sus raíces marchitas
me sumerjo

para cuidarlas con el trato
que solo yo puedo dar

¿dónde he estado todo este tiempo?
¿y quién es que vive en mi cuerpo?

más abajo,
bajo las capas de mi duelo,
me sumerjo

a la verdad de mi memoria
que solo yo puedo recordar

¿cuán atrás llega esta historia?

más allá de la vergüenza en mis huesos
y mi querer ser aceptado

me hundo
hasta la fuente
que tanto me ha llamado

a perdonar
y a volver

al amor que soy
amor que siento

amor, que solo yo puedo ser

Llevo buscando
y rebuscando
en la profundidad
por demasiado tiempo.

Por favor,

déjame coger aire
antes de que me
arrastres
de nuevo
pa' adentro

Si te soy honesto
no puedo decir
que me amo

al menos
como soy ahora

pero créeme
que estoy tratando

tratando de recordar
cómo es que se sentía

el abrazo cálido
del Amor Propio.

Cómo me hablaba y me sostenía
aún vive en algún rincón de mi memoria
pero aunque por ahora
lo haya perdido de mi vista
y olvidado en mi tristeza

si me aquieto lo suficiente
sé que volverá a mí.

Mi amor
siempre regresa a mí.

¿Cuántas veces he tenido
que empezar de cero ya?

Se siente como si cada vez que me acostumbro
a una nueva versión de mí,
la vida llega de cantazo a recordarme:

No te conformes.

No te atrapes en historias
ni en todo lo que pudo haber sido.

Siempre hay algo nuevo
esperándote
a la vuelta de la esquina.

No te conformes.
No te encierres.

Estoy aquí.

Podemos con esto.

Espero
que algún día sientas
la valentía otra vez
de compartir
las partes de ti
que el mundo te obligó
a esconder.

Tu amor merece ser presenciado.

Si alguna vez te dejé
acercarte así,
es porque escogí
confiar en ti.

Para crear puentes
con nuestros susurros
y romper patrones
con nuestra confianza.

Nuestros ojos como espejos
revelaron verdades que nadie alcanza.

Así fuimos creciendo el uno en el otro
y de esa cercanía hicimos arte,

siempre cambiando,
siempre fluyendo,

una vez juntos,

ahora aparte.

estoy agradecido
que sembraste este bosque

sé que soñábamos
con que un día se nos diera

pero

lo que quería
era descansar en tu sombra

no perderme
y marchitarme en ella

Hay lugares donde estaremos
y personas que seremos

solo una vez

atesóralo

No te pediría que te quedes.
Ya lo sabía desde el comienzo.

Viniste a mí
pa' ser el viento
que avivó la llama
en mi corazón

y ahora que mi alma arde
y mi anhelo se desvaneció

por fin puedo soltarte
y con gracia dejarte ir.

Amor de mis amores,

ya puedes seguir.

Nada está fuera de tu alcance
si te atreves a cruzar la distancia.

Mientras aún tengamos aliento,
siempre podemos volver a comenzar.

Te puedo ver tratando.

Te puedo ver.

Yo sé que crecer puede ser difícil
pero es importante recordar
que no tiene que ser solo así.

No tiene que ser
solamente difícil
todo el tiempo.

Está bien tomar un descanso.
Está bien pedir espacio.

No es una carrera,
es un maratón.

Está bien pausar y coger aire.
Crecer a tu propio paso.

Te puedo ver tratando.

Te puedo ver.

Estaré aquí,
en el espacio entre los sueños.

En el aroma que perdura
de tu memoria.

En el momento en que elijas
regresar a ti,

estaré aquí.

Estaré aquí.

Ten paciencia contigo.

La semilla en tu corazón
tiene que atravesar
capas y capas de oscuridad
antes de llegar a florecer

pero lo logrará.

Lo lograrás.

Todavía creo en ti

He ido poco a poco
retirando las capas
de años de autoabandono
y preguntándome
en qué momento
se me hizo tan difícil
confiar en mí

o sea

digo que me pregunto
pero yo lo sé

yo me hice esto a mí mismo

me atrapé en una historia
aun sabiendo muy bien
que nos convertimos
en las historias que más nos repetimos

entonces,
¿por qué dejé
que los fantasmas fueran
quienes escribieran la mía por mí?

como si mi futuro pudiera pertenecerle
a un pasado que ya no me conoce

ya no
ya tú no

ya tú no me conoces
pero lo cuento como una bendición

porque si hay algo que sé de mi vida
es que mis peores historias

siempre guardan mi más grande lección

¿Cuánto tiempo estuve dormido?

Se siente como
si toda una vida
vino
y se fue

Me desperté
con un sabor
agrio en la boca

Este debe ser el "para siempre"
del que tanto oí hablar

Logré salir de la cama
pero apenas reconozco
este lugar

Y por más que trate
no me puedo lavar
todos estos años de la cara

Ahora
lo único que me queda
es rendirme

y simplemente
volver a empezar

Pero al menos puedo decir,
con alivio:

Ya dejé de vivir el sueño de alguien más

Me cuesta admitir
que aún no estoy ahí
pero voy de camino,
al menos eso sé.

No me flaquees,
corazón mío.

El océano se calmará
y tu momento llegará

pero por hoy

solo dejemos
las olas romper.

Todo lo que queda de ti
es una sensación en mi piel.

Ahora es mía para ofrecer.

Ahora soy mío para ofrecer.

A todos los momentos
que casi me quebraron,

esto no te toca a ti.

Aunque me hayas herido,
sanarme no te toca a ti.

Quien yo soy y quien escojo ser
es mi propia decisión.

Jamás volveré a victimizarme
en el nombre del amor.

Entiendo que a veces
sin conciencia
nos podemos hacer daño.

Pero si aprendemos de esas tormentas
pueden surgir grandes cambios.

Esto que suelto hoy no es por ti
y tampoco por nadie más.

Perdonarte ha sido el regalo
más liberador que me he podido dar.

Tu recuerdo es un collar
que me pesaba en el pecho,
pero por fin recordé
lo que me susurraste en mi silencio.

Atravesando el vacío
fue tu voz
la que vino a mí y dijo:

"Perdonar es liberar.
Agradecer es transformar".

Pensé que había perdido esta lección
en algún lugar entre mundos,
pero aflojé el puño
y ahí te encontré.

Tan cerca de mí como siempre.

Te miré por un momento
y pude ver vidas enteras
de todo lo que fue y nunca sería
cosidas juntas como la colcha
que me abrigaba en mi niñez.

Me envolví en ti y recordé
con cariño cómo se sentía
pero en mi corazón sabía
que el momento ya llegó.

Así que te abracé,
más cerca que nunca,
tan cerca que pudieras oírme
susurrar en tu silencio

te amo
te perdono
te agradezco las lecciones

...y te solté.

La respuesta ha estado frente a ti todo este tiempo
pero a menos que cambies tu enfoque,
nunca vas a poder verla.

te lo volveré a recordar,
mi niño interior herido y acostumbrado,

todas las veces que lo necesites

solo porque has hecho algo desde siempre
no quiere decir que tienes que hacerlo para siempre

mientras más tiempo espero
para volver a mí

más difícil se me hace recordar

¿qué es lo que tiene
este peso invisible que cargo
que tanto me cuesta soltar?

juraría que ya lo sabría
como he pasado por esto
tantas veces antes

que este dolor
no va a sanar solo

y todo este tiempo
que he pasado
teniéndome pena

lo que tenía
era que perdonarme

por muchísimo tiempo
andábamos perdidos
hundidos en el fondo
en lo más denso de todo esto

pero creo que ahora
desde que nos entregamos

todo ha comenzado
a sentirse más liviano

tranquilo,
mi corazón,

ni siquiera la noche más larga
durará para siempre

todo puede ser más liviano

nosotros también podemos

En cada rincón de tu corazón
que encuentres miedo

Siembra una semilla

Cuida de ella
con amor
paciencia
y compasión

y llegará el día
en que caminarás
por tus montañas florecidas

salvaje y silvestre
en tu liberación

todo se está moviendo
tan rápido
demasiado rápido

y lo único
que puedo hacer
es intentar
ir más despacio

cada
vez
más
despacio

hasta que lo único que quede
sea este presente momento

—aquí estoy a salvo

años de historias calladas
talladas en mi piel

una plegaria
una oración
una ofrenda

para encontrar mi lugar
para estar a salvo en mi cuerpo
para sentirme en casa

para por fin regresar

a mí

"nadie va a venir
a salvarte"

lo sé

pero

yo soy alguien,
¿verdad?

y a lo largo del camino
de regreso a mí mismo

jamás te volveré a abandonar

Me ha tomado todo lo que tengo
dar cara tal y como soy ahora
pero mientras más me entrego
más claro se vuelve.

No voy a dejar
que se me olvide de nuevo:

Soy mucho más que los patrones
en espejos rotos ajenos.

te escribí mil cartas

cada una
en un lenguaje distinto

pensé que al menos
en una de ellas

por fin
me entenderías

lo
único
que
siempre
quise
fue
ser
conocido
por
ti

sin
tener
que
traducir

todo
lo
que
soy

de repente,
una apertura.

Estás más cerca de lo que crees.

Siempre lo has estado.

todo lo que una vez anhelé
resultó ser mi mayor lección

quiero amar sin perder lo que soy
quiero ser sin perder lo que amo

Todavía vive en ti.

Aun si no logras verla.
Aun si no la puedes sentir.

Su fuerza.
Su amor.
Su pasión.

Su sabiduría.
Su compasión.

Su confianza.
Su placer.
Su alegría.
Su poder.

Todo aquello
que extrañas.

Todavía vive aquí.

La versión de ti que más
amaste ser.

No temas,
dulce niño de luz,

tu amor no está perdido.

Es como el sol ardiente amaneciendo
y despejando la neblina.

Siempre saliendo en el este
y atardeciendo en tu pecho.

Como una inhalación profunda
que te llena y te deja ir.

A todos lados en el mundo
en cada espacio abierto.

En las montañas
los valles
los bosques
los lagos.

Escucha como cantan por ti
agradecimiento por cada respiro

canciones que despiertan tu memoria
cuando se pierden en el olvido

dicen

"no temas, dulce niño de luz,
aunque no nos sientas a tu lado

tu amor
tu corazón
tu esperanza
tus sueños

nosotros nunca
te hemos abandonado"

por las noches me susurro hasta dormirme
cantos de añoranza agradecida

jamás imaginé
que mi duelo y mi gratitud
harían tan calmante armonía

Hay una versión futura de ti
mirando hacia atrás
a este preciso momento
con tanto amor y compasión.

No te des por hecho.

Ya vas de camino.

Regresé
pero no siento que he llegado.

Me encontraste en un momento bien raro en mi vida. Un periodo de transición que lleva seis años gestándose. Volví a mi isla, aunque todavía no se siente como si perteneciera aquí. Mi familia se mudó hace unos años y ya ni sé quiénes son mis amistades. Me he sentido perdido y solo, así que hice lo único que tenía sentido para mí: sumergirme en la naturaleza. La misma donde me encontré por primera vez, todas esas vidas atrás. Estas aguas me conocen mejor que nadie. Guardan mis lágrimas y cargan mis secretos. Me purifican la mente y el cuerpo cansado cuando nada más puede.

Hoy, por primera vez en mucho tiempo, mi soledad volvió a sentirse plena y en esas aguas frías de la selva tropical, por fin he sentido que…

estoy en casa.

yo (no) estoy solo en esto

confiar en mí
también significa
aprender a confiar en otros

todo ese tiempo que pasé esperando
a que llegara el momento correcto

el momento correcto para ser
el momento correcto para vivir

como si algo así
pudiera existir
en cualquier lugar fuera de mí

y aun así
seguí esperando

aguantándome
escondiéndome

sentado a solas en mi tormenta
mientras mi vida iba desprendiéndose

yo sí traté
de aferrarme
pero sabía que no iba a poder aguantar

pensé que iba a sobrevivir a la inundación
pero lo único que hice fue hundirme más

más
y más hondo

hasta que toqué fondo

y de repente
todo se aquietó

*“¿puedes confiar
y rendirte
a este momento,
mi alma?”*

yo he podido

yo podré

yo puedo

Estoy aflojando
mi agarre.

Entregándome
a lo que venga.

Dejándome fluir
y finalmente sanar.

No puedo esperar el día
que pueda recostarme
con la versión de mí
que se atrevió a soltar.

toda mi vida se está desintegrando
y volviendo a caer en su lugar
de la manera más hermosa y caótica

todo está

aunque mi rol ya fuera reemplazado
y mi máscara se hiciera cenizas

de alguna manera me siento
como si pudiera respirar otra vez

y aunque no fue decisión mía
como el final de esta historia
se desenvolvió

trajo todo el dolor de mi cuerpo
a la superficie

para que por fin
lo pudiera sostener

puedo confiar
que tenía que ser así

ya que el temblor en mis manos
por fin se calmó

y mi verdad siempre
merecía ser compartida

aunque mi vergüenza
me rogara que no

así que voy a dejar que mi vida
cuente mi historia

de todas las cosas en que fallé
pero aprendí

y aunque no pueda decir
qué traerá mañana

puedo escoger
en qué idioma escribir

¿Cuánto tiempo ha pasado desde la última vez que te sentaste a conectar contigo? Me refiero a tu *Yo* más verdadero. Tu *Yo* más profundo, más secreto. Tu *Yo* que está escondido debajo de esas capas de dolor, rabia y vergüenza que has permitido que te detengan.

Solo te pregunto porque te puedo sentir y te puedo sentir porque tu *Yo* y el mío son los mismos.

Ha pasado demasiado tiempo.

Yo sé que el camino de vuelta a casa se siente largo y enredado y que ya te has agotado… pero si algo he aprendido es que la única manera de volver es siguiendo hacia adelante.

Pa' dentro y pa' lante.

Así que estoy dando el primer paso. Otra vez. Uno que ya he dado incontables veces, y otro que esta vida me seguirá invitando a dar.

Estoy escuchando, otra vez.
Más profundo.
Más real.
Aún más honesto.

A esa voz que siempre me ha susurrado los anhelos de mi alma.

Estoy confiando, aún con miedo. Aún con mis rodillas temblando. Aún sintiendo como si mi cuerpo quisiera hundirse en mi pecho.

Estoy confiando en la fuerza que vive dentro de mí, y permitiendo que me levante, que me sostenga, que me hable.

Te escucho. Te siento. Te creo.

Guíame de vuelta a casa.

por todas las veces
que atenuaste tu luz
para no incomodar a nadie

te puedes perdonar

por no saber en ese momento
cómo la empatía sin límites
podría hacerte daño

te puedes perdonar

por abandonar
el jardín secreto de tu alma
por ir a cuidar de uno ajeno

te puedes perdonar

por tardarte tanto en realizarlo
y ahora tener que arrastrarte de vuelta a ti

te puedes perdonar

me puedo perdonar

me perdono

Si alguna vez me hiciste daño.
Te perdono.

Si alguna vez te hice daño.
Te pido perdón.

todo está perdonado

un nuevo amanecer

El Sabio

Si cada cosa horrible que me ha pasado en la vida me ha traído hasta este momento, entonces puedo encontrar en mi interior la manera de dar gracias por ello.

No porque romantice el sufrimiento, sino porque ahora entiendo que cada herida, cada desamor, cada noche oscura del alma que he tenido que atravesar, fue tallando poco a poco, por décadas, un camino para yo poder convertirme en la persona que siempre sentí, que nací para ser.

Esta lección comenzó a integrarse cuando noté que muchas de mis experiencias dolorosas parecían rimar entre sí. Los temas recurrentes, los personajes y los patrones de mis lecciones han sido tan específicos para mi propio desarrollo que a veces se sienten como si hubieran sido escritos exclusivamente para mi crecimiento.

Una vez entendí eso —que la vida no me estaba pasando *a mí,* sino *para mí*— entonces finalmente pude entregarme a mi camino, confiando plenamente en que nada de esto es en vano, nada es desperdiciado y que hasta los retos más difíciles solo sirven para acercarme más a mi versión más realizada.

Ningún maestro espiritual, guía, *coach,* ceremonia o escritura sagrada podría enseñarme lo que me ha enseñado estar plenamente presente en mi propia vida y en mis propias experiencias.

¿Quién podría entender mi historia mejor que quien la vivió?

¿Qué más podrían contener las lecciones que vine a aprender en este mundo?

Mi vida es mi libro sagrado.

Si *El Melancólico* es la parte de mí que se sumerge en las profundidades de mi oscuridad para desenterrar lo que está escondido ahí, entonces *El Sabio* es quien lo trae de vuelta a la luz para que, juntos, puedan convertir esa experiencia en sabiduría vivida.

El Sabio es quien ha aprendido a ver con ojos despejados; quien ha podido escuchar armonía dentro del caos, encontrar la lección dentro de la herida, y abrir un camino desde el dolor hacia el propósito.

Un Nuevo Amanecer es la manifestación de eso. Es el entendimiento silencioso después de atravesar la tormenta. Es la exhalación de entrega y el alivio suave de la confianza.

Mientras atraviesas esta sección, querido lector, te invito a preguntarte:

¿Qué sabiduría te ha regalado tu dolor?
¿Cuáles son los temas recurrentes que lo han ido formando?
¿Qué verdades escondidas estás recordando?
¿Qué te espera al borde de este nuevo amanecer?

la vida me ofreció un regalo precioso
y lo sostuvo con ternura
para que el mundo lo pudiera apreciar

era todo el amor que jamás había dado
devuelto a mí
cien mil veces más

hay una época para todo

una época de tormentas
una época de descanso
una época de sembrar
una época de cosechar

igual que
hay una razón para todo

una razón para seguir
una razón para aguantar
una razón pa' empezar de nuevo
una razón para soltar

cada época
tiene su razón

esta es solo
en la que ahora
nos toca estar

ninguna dura para siempre
y todo fluye con la corriente

así que deja que esta sea la época
donde tu nueva vida pueda comenzar

Yo sé
que a veces mi memoria
puede pintarlo todo distinto
pero quisiera ver mi vida
como algo más
que solo el dolor que he vivido.

Sea cual sea el camino que escogí andar
o por más veces que haya tenido que caer
de veras hay solo una historia
la que quisiera contarme.

Es una historia que estoy escribiendo
y que no puedo esperar a leer el resto
comienza con cómo lo perdí todo
y termina con mi regreso

al amor

Ya puedes ser quien realmente eres.

La luz que no teme ser vista.
La canción que no teme ser escuchada.
El amor que ya no teme ser sentido.

Ya puedes ser quien realmente eres.

Es quien siempre has sido
debajo de todas las cosas

En demasiadas ocasiones de mi vida cometí el error de sacrificar partes de mí solo para evitar ser juzgado, malentendido o incomodar a los demás. Hasta partes de mí que amaba. Hasta partes de mí que me hacían quien yo era. Las escondí y las dejé marchitar en cámaras secretas de mi corazón, como si estuviera esperando que me dieran permiso para volver a ser yo.

Pues ya no estoy esperando más.
Por nadie que no sea por mí mismo.

Si otros no pueden con mi verdad, pues tal vez no me merecen a mí.

Me tomó demasiado tiempo entenderlo,
pero lo estoy aprendiendo mientras camino.

Hay miles de millones de personas en esta Tierra, y ni una sola fuera de ti puede decidir tu valor.

Así que brilla con tu luz, canta tu canción, siente tu amor, suelta toda vergüenza.

Acéptate tal y como tú eres, y otros se sentirán seguros de hacer lo mismo.

Así es.

Así es como amarte se convierte en un servicio al mundo.

llevo vivo
todo este tiempo

aun cuando
no lo sentía así

aun cuando
sentí
las cenizas
de mis yoes pasados
esparcirse en el viento

nunca se perdieron

llevo aquí
todo este tiempo

aun cuando
no podía verlo

aun cuando
ya ni podía
verme a mí

yo nunca me perdí

he estado
aquí

estoy
aquí

aquí
estaré

por años me aguanté de to' lo equivocado

de gente equivocada
de sentimientos equivocados
de memorias equivocadas

me aguanté con un vigor
tan inconsciente e inquebrantable
que apenas noté
cuán hondo me arrastraban

tan profundo
que apenas recordaba
cómo se veía la luz
en mi propio corazón

ni mucho menos
cómo se sentía

pero bueno…
me puede haber tomado
una eternidad
encontrar mi camino de vuelta

pero creo que por fin entendí

que estos años en la oscuridad
vinieron a enseñarme

"solo aguántate de lo que te aguanta a ti"

te dejé
acercarte así a mí
porque quiero
aprender a confiar

otra vez

soltar
to' el dolor
que me acostumbré
a cargar

encontrar el amor
que dejé disipar

en algún punto de mi historia
la página se desmoronó
pero
mientras más
te me acercabas,
más me sentía
a salvo

lo puedo sentir
regresando a mí

lo puedo sentir
todo

lo puedo sentir

puedo sentir

otra vez

yo sé que existe
una versión de mí
esperándome
al amanecer
luego de sobrevivir
a esta noche tan larga

cuando por fin
nos encontremos
bailaremos juntos
en la sombra suave
que dibuja en mi cuerpo
la luz del alba

me llamará por su nombre
con esa voz que siempre añoré
y por fin recordaré
no solo por qué vine aquí

sino por qué me quedé

cada camino conducía a ti
cada triunfo y cada fracasar
cada lección aprendida amando
las partes de mí que tuve que enfrentar

y aún
en las horas oscuras
aquellas que parecían
no tener fin

ahí
en el respiro entre el silencio
en los susurros de mis anhelos
en los recovecos de mi espíritu
donde nadie jamás entró

ahí,
tú esperabas por mí

siempre presente
siempre creciendo

mi fuente de luz interior

¿qué era lo que me pesaba tanto
en el corazón todos estos años?

pudiese haber jurado
que lo traje conmigo
como ya tanto
me había acostumbrado

pero
en algún punto
del camino

entre allá
y aquí
entre aquel entonces
y ahora

pues...

parece que lo solté

hay tanto
que tendrás que soltar
hasta poder llegar a ser
quien siempre has sido
destinado a ser

hasta la última hoja
del árbol que te vio crecer
inevitablemente tendrá que caer

solo pa' regresarse
y volverse parte de la tierra

de la cual
un nuevo bosque
va a nacer

Ay, mi dulce niño de luz,

aún te puedo ver ahí
parpadeando en la oscuridad
que juras es tu corazón
pero es solo la caja
en la que te has metido

quizás sientes
que te estás apagando,
pero yo te puedo ver.

Yo te veo.

Tu arte nunca fue algo que hiciste
siempre ha sido quién eres.

Has logrado escribirte
fuera de trampas peores que esta
y la llave
siempre ha estado
en la historia que te has contado.

Así que sal de esa caja,
mi amor.

El mundo merece leerte,
verte, escucharte, sentirte.

Merece tu honestidad
tanto como tú.

hay tanta sanación en eso
y todo empieza contigo.

El amor que eres
es el amor que siempre has sido

y yo te puedo ver.

Yo te veo.

todo este tiempo
estuviste esperando
tan pacientemente

a que yo volviera
a casa

a que yo volviera
a mí

ay…

así que así
es como se siente
ser amado
por ti

no pude encontrar las palabras perfectas
por más que lo intenté
así que dejé que mi cuerpo me hablara
en un idioma que solo yo sé

ves,
yo conozco
más sobre mí
cada vez que me rindo
y me entrego

pero mi crecimiento
no es tanto
"ah, lo aprendí"

y es más como
"ahora me recuerdo"

quien yo soy
siempre ha estado
en mí

aun cuando no podía sentirlo

y mientras más
rechazaba a mi propio dolor

más me tocaba sufrirlo

enfrentar mi verdad
era enfrentarme a mí mismo
y a las partes de mí de las que estaba huyendo

pero también darme las gracias
y recordar que puedo amar
la persona en la que me estoy convirtiendo.

se me había olvidado
cómo se sentía

dejarme
simplemente ser

sin las preguntas
ni las preocupaciones

sin las dudas
ni sobreexplicaciones

se me había olvidado
que aun en la tormenta

yo puedo
simplemente
ser

pues toda tormenta
eventualmente pasa

humedeciendo la tierra
que antes fue tan sediente

y las mismas nubes
que tanto relampaguearon

ahora llueven
sobre mí

suavemente

mientras más me aferré
a mi resentimiento
más pesado se volvió

¿cuántas veces
me he hecho daño a mí mismo
en nombre de otro?

nadie me impuso
este sentimiento
por más que me convencí
de que sí

encontré a quien culpar
por mi tristeza
y luego olvidé cómo vivir

una vida que yo mismo eligiera
como si nunca hubiese tenido otra opción

pero aún enterrada
bajo esas historias

reconocí una voz
en mi interior

"no estás atrapado
en esto

eres libre
de dejarlo ir

el primer paso
para escoger
tu propia vida

es aprender
a elegirte

a ti"

ojalá
hubiera escuchado
a mi cuerpo

mi estómago sabía
lo que yo no admitía

me suplicó

"toda esta vergüenza
y represión
van a enfermarme
algún día"

mirando atrás
ya no recuerdo
si me quedé
por esperanza
o por miedo a perderlo

pero el dolor
que nublaba mi memoria
finalmente se está esclareciendo

con cada día
que paso en silencio
y regreso
poco a poco
a mí

puedo entender
aceptar
y soltar

todo aquello que sentí

no soy la víctima
de mi historia

no
nunca lo fui

soy alguien que aprendió
una invaluable lección
entre pérdidas y dolor

fue mi propio
patrón repetido
el que al fin tuve que enfrentar

aprender a confiar
tanto en mi verdad
que nadie la podrá reemplazar

y al final
pa' eso es que es to' esto
si no
¿por qué pasar por este infierno?

cada prueba que he superado
me ha traído más cerca a este momento

a esta mañana
a este respiro
a este sentir
a este saber

cuerpito mío
ya lo logramos

ya finalmente
te escuché

mientras me tenga a mí mismo
nunca volveré a estar solo

mientras sea honesto conmigo
siempre habrá alguien que me entienda

mientras pueda verme como realmente soy
no tendré que temer ser malentendido

mientras siga confiando en mí
mis verdades se mantendrán sagradas

mientras pueda sostenerme así
siempre tendré el amor que me merezco

por muchísimo tiempo
perdí de vista
partes de mí
que tanto amaba
pero
al fin
la neblina en mi pecho
que cubría el paisaje
de mi corazón
empezó
a despejarse

como huellas sutiles
que mi alma dejó
encontré rastros
de quien una vez era
y de repente
todo el amor
que me había negado
volvió en una gran ola
al subir la marea

no sabía que estar solo
era la parte más fácil

claro
puede sentirse aislante

pero aprendí
que existe otro lado de la soledad
que puede llegar a sentirse hasta plena

que es un regalo poder sentarme
con mi propia energía
y apreciar su sencillez compleja

que puedo vivir mi vida
siendo únicamente quien elijo ser

sin tener que usar
a nadie más de excusa

"es por tu culpa"
me he escuchado decir
cientos de veces

pero
entonces
eso no es escoger,
¿verdad?

si quien yo soy es algo tan frágil
que cualquiera que se acerque lo suficiente
puede reescribirme

pues,
¿qué llevo haciendo todo este tiempo?

estar solo
de veras era
la parte más fácil

claro
me tenía a mí
y a todas mis lecciones de vida
para desempacar, diseccionar y aceptar

pero después de eso
¿entonces qué?

no puede ser que todo
sea yo solo
aprendiendo a amar
perdonar y aceptarme

eso es tan solo el primer paso

la verdadera prueba de mi carácter
comienza en el momento
en que me dejo presenciar

y sí,
he fallado antes

y sí,
volveré a fallar

pero cada fracaso
me ha acercado
a entender mi propia verdad

el amor propio no estaba esperando por mí
retirado en alguna montaña

estaba en cada palabra que susurré
cuando pude haber gritado

en cada vez que escogí la presencia
por encima de mi patrón de heridas heredado

en el momento que al fin solté
la roca ardiente que lo quemó todo

y finalmente me dejé ver por los demás

tal y como soy

cuando estoy solo

Hay más de una manera de crecer.

No siempre tiene que ser a la mala.
Aprendiendo con dolor.
Formándote a través de la dificultad.

Esa fuerza que se encuentra
al enfrentar tus demonios
y encontrar la valentía para vencerlos.

El camino del guerrero.

Lo entiendo.

Lo he caminado.

Caminado,
tropezado
y derrumbado
mil veces
por barrancos afilados
para entonces de nuevo
roto y agotado
volver a ponerme a escalar

una y otra vez
y en cada una he llegado
un poco más alto que antes

hasta la cima de nuevos comienzos

en donde el camino finalmente se abre
a algo mucho más grande

A un camino de amor
de gracia
de perdón
de compasión
de entendimiento
de aceptación
de entrega
de livianez.

El camino de liberación.

Ahora sí
ya hemos arrastrado
este peso por las sombras
lo suficiente.

Ya me siento listo pa' ir más allá.
Ya me siento listo pa' ser más liviano.

Ven
seamos livianos,
mi amor.

Ven
seamos brillantes,
mi luz.

tú aún viste la luz en mí
incluso cuando yo no podía

lo recordaré para siempre

ya basta

ya no vamos
a atenuar nuestra luz
ni a escondernos
por vergüenza
o por miedo a deslumbrar

siempre fuimos hechos
pa' brillar y bailar
bajo el sol del verano
con las olas del mar

Estoy escuchando otra vez
a una voz que por tanto tiempo olvidé.

En lo más hondo de mi silencio
me susurró su cariño eterno.

Ay,
cómo te he extrañado.

Dulce guía.
Voz de mi corazón.

Si algún día vuelvo a perderme
tan solo tengo que confiar en tu amor.

me estoy haciendo
una promesa
con el tiempo que me queda

pa' cuando los días
se sientan lentos
pero la vida se acelere

y el mar adentro crezca
y se haga cada vez más vasto

ya sea la calma o la tormenta
que traiga paz o desamparo

regresaré a mi respiro
y dejaré que me sostenga.

—*Me lo prometo*

Querido verdadero yo,

Llevo observándote de cerca toda tu vida. Incluso antes de que llevaras este nombre. Incluso antes de que vivieras en este cuerpo. He caminado a tu lado por las cimas de tu vida y al borde de todos sus precipicios sin fondo. He viajado contigo por valles de luz y te he sostenido en todas tus noches más largas. He volado en las alas de tu libertad y me he enterrado en tus miedos. Me he quedado contigo tras cada triunfo y desamor; en cada prueba, en cada lección; y juntos hemos navegado océanos de calma y desamparo. He soñado todos tus sueños y he seguido creyendo en ti, incluso cuando tú no podías.

Te he visto a través de todo: quién has sido, quién eres, y en quién te estás convirtiendo.

Solo quiero que recuerdes esto: el amor que te guía, que te carga y camina contigo, el amor que compartes, que vives y respiras, ese amor, el que vibra bajo todas las cosas en su esencia más verdadera y pura… siempre ha sido el verdadero tú. El verdadero yo.

Eres amado porque *Eres Amor,*
y amor, por siempre seremos.

estoy al borde
del infinito

todos mis pasados y futuros están aquí

todo lo que he amado y perdido
está presente y vivo en mí

yo soy parte de este campo eterno
tejiendo sueños con hilos de luz

y en lo profundo de sus frecuencias
una voz amable me recuerda

*"El amor en el que te convertirás
será el amor que elijas escribir"*

¿Siempre he sido así?
me pregunto,

mientras rebusco
entre fotos y escritos
tirados en el piso
formando un mapa de tesoros

de todos mis triunfos
y todos mis fracasos
de todas mis pruebas
y mis lecciones

todas las historias
que mantuve vivas
para entrelazar
a todas mis versiones

parecen revelar un patrón
o algún tipo de ritual

donde comienzo enamorado
pero nunca termino igual

¿será que mi anhelo por sentirme libre
vale más que mi deseo por conexión?

¿es el miedo al otro o a mi amor propio
lo que me hace buscar liberación?

¿Siempre he sido así?

de niño
siempre me sentía pequeño
y temía que,
a menos que tuviera a alguien
de quien aguantarme,
nunca iba a poder estar a salvo

todas las películas y todos los libros,
todos me decían lo mismo

así que hice lo que mejor sabía:
me aguanté lo más fuerte que pude

pero luego
ese aguantarse se volvió aferrar
y ese aferrar se volvió asfixiar

el peso insoportable del apego
en la mano de un niño herido
solo me hizo sentir más pequeño

me decía a mí mismo:
"así es como soy, supongo.
Esto es lo que conozco.
Esto es lo único que puedo ser".

Hasta que
décadas después
a la hora de la verdad
pude finalmente verme

y en un momento de crisis,
un entrecruce de vidas

por fin aprendí a soltar.

Por fin me atreví a escogerme.

cómo mantenerme firme
aun siendo azotado
por una presión abrumadora

y permitirme fluir
cuando de repente la vida cambia
su rumbo

ambas cosas
me las enseñó
el mismo río

me estoy levantando
poco a poco

tal vez no al ritmo
que necesariamente quisiera
pero al menos
al ritmo que mi cuerpo necesita
ahora mismo

con paciencia y gracia
amor y compasión

sé que lo voy a lograr

Yo estoy claro
de lo que me funciona mejor.

Cada vez que resisto, controlo,
o trato de forzar las cosas,
inevitablemente termino frustrado y agotado.

Cada vez que suelto, confío
y me entrego
la vida encuentra una manera
de llevarme justo a donde
tengo que estar.

Para mí se trata de ambas cosas:
tener una intención clara
y luego soltarla y confiar.

Tengo que recordármelo
una y otra vez
pa' no volver a caer en patrones
que no hacen nada
más que herirme.

Para eso sirve esto,

solo pa' recordármelo.

báñate en el sol
baila bajo la lluvia
perdónate
reclama tu nombre
suelta el pasado
aclara tu mente
comienza otra vez

mientras aún tengamos tiempo

aún
tenemos
tiempo

ya no estoy
tratando
de hacer que la vida
pase

yo solo
la dejo
vivir

que derrame
y excave
un camino
a través
de las partes
más profundas
y secretas de mí

las que escondí
y dejé pasar hambre

jurando que mi luz
nunca volvería
a brillar

y aun así

la noche
que finalmente
me elegí

mi silencio
volvió
a cantar

caíste suavemente
como una llovizna cariñosa
sobre lo que quedaba
de mi jardín

y esta tierra anhelante
seca y desertada

finalmente volvió a vivir

el amor nunca te pedirá
que seas menos de lo que eres

yo estoy
confiando

en que
la vida se está
alineando

de la mejor
manera posible

para que tanto
mi espíritu
como mi cuerpo

sean sostenidos
a través de todo

pensé que iba a durar para siempre
pero la tormenta finalmente pasó

y en su lugar
lo único que quedó

fue una suave lluvia
que perdonó todo

cada vez que me atrevo a decir que no
protejo mi propia energía

cada vez que me permito soltar
creo espacio para lo que está para mí

cada vez que acepto ayuda
va sanando en mí lo que estaba roto

cada vez que decido elegirme
creo aún más amor para darles a otros

nunca sentí
que perteneciera
a ningún lugar
hasta que abrí
un espacio para mí
en lo más hondo
de mi soledad
y respiré las palabras
que por tanto tiempo
anhelaba escuchar

mi piel
mis lágrimas
mi cabello
mis miedos
mi amor
mis deseos
mis huesos
mis versos

son mi hogar

la época
de conformarme
con menos
de lo que doy
y que merezco

se acabó

A partir de este momento
las únicas personas a las que les permitiré
ocupar un espacio sagrado en mi vida

son quienes encarnen el amor desinteresado
y correspondan a mi energía.

Quienes busquen aportar a construir mi vida
y ser pilares de apoyo mutuo.

Quienes alienten las llamas de mi corazón
y añoren verme prosperar.

Quienes celebren mis logros
y me sostengan en mis fracasos.

Quienes vean más allá de mis defectos
y crean en mi potencial.

Quienes acepten mi humanidad
con todos sus defectos
y aún me amen en mis procesos.

Ya voy a dejar de usar el pasado
como excusa para no ser mejor.

La vida únicamente
va hacia adelante.

Entonces,
igual lo haré yo

He llegado a entender

que las historias recurrentes
en mi vida no existen
solo para atormentarme
y hacerme sentir pequeño.

Se me ha dado una oportunidad
una y otra
y otra vez
para aprender a confiar
y a sostenerme
a mí mismo.
A través de vastos océanos
de proyecciones e interpretaciones.

Esta lección es mía,
sin importar quién,
o cómo,
o por qué.

Los personajes y el escenario
pueden cambiar
pero la lección se queda.

Cada vez más profunda
y más desafiante
que la anterior.

como me dijo
un maestro una vez:

"si le pides a la vida
ser valiente,
ella te pondrá a prueba".

Pues...
yo le pedí
volver a ser yo

y así,
esta nueva versión
de historias viejas
es otra invitación
a enfrentar todas las versiones
que existen
en mí
y en los demás

a soltar las capas de sombras
que hicieron su hogar en mi cuerpo

y por fin poder
pararme firme en la verdad
de quien yo elijo ser

en la fuerza de mi valentía
en la suavidad de mi tristeza
en la honestidad de mi enojo
en la alegría de mi pertenecer
en la paz de mi presencia
en la seguridad de mi intimidad

en la confianza
de mi propia historia

quien solías ser
no determina quién puedes llegar a ser.

Tu historia no está escrita en piedra.

estoy parado en el cruce
donde todos mis pasados y futuros se encuentran

quién fui
quién soy
y quién estoy destinado a ser

El jardín que cuidábamos juntos
hacía tiempo que ya se había cubierto de maleza.

Un día,
en mi anhelo silencioso,
volví y lo desenterré.

Para mi sorpresa,
encontré una cierta serenidad
enterrada debajo
de esa memoria fértil y olvidada.

Había una belleza escondida
en ese abandono
en ese soltar.

No pude entenderlo en aquel entonces,
o tal vez es que no quería.

Ahora,
mientras más profundo voy,
más tus palabras resuenan en mí.

Si quería crecer
tenía que cuidar
de mi propio jardín.

Me dejé llevar tanto por las historias
que me contaban sobre ti
que ni siquiera me detuve a notar
que tú también estabas sufriendo.

Tú también estabas sufriendo.

Tardé demasiado en entenderlo,
pero el tiempo tiene su manera
de abrir las cosas a la fuerza.

Como los ojos.
Como el corazón.
Como las manos.

Así que, fuera lo que fuera a lo que me aferraba,
y fuera quien fuera ese tú que pensaba conocer

ya de eso no queda nada.

Me tomó un tiempo, pero ahora lo veo:
cuán duro debió haber sido para ti.

Y al verme ahora,
habiendo llegado hasta aquí
aún brillando,
todo se vuelve tan claro.

Lo que me dejaste,
aquel día que te fuiste…

de verdad fue un regalo.

entro y salgo de esto
constantemente estos días

el vaivén entre
claridad y confusión
esperanza y desespero
alivio y agonía

aceptación
y resentimiento

hay momentos
donde todo se siente
alineado
y confío
en que lo peor ya pasó

y de repente
la marea cambia
otra vez

y sin querer
me arrastra
con ella

desaprender
puede ser
mucho más difícil
que aprender
y hace falta tener valentía
para seguir flotando
después de haberse casi ahogado

puedo ver que los patrones
antes escritos en la arena
con el tiempo
terminaron siendo tallados

grabados sobre mi cuerpo de piedra

un terreno abandonado

un recordatorio de todos los lugares de mí
donde todavía el dolor se ha quedado

pero ahora que lo veo

pues…

nada es igual

"grabado en piedra"
no significa
que no pueda cambiar

confusión por claridad
desespero por esperanza
agonía por alivio

o resentimiento
por aceptación

por más duro que ha sido
siento que por fin puedo decir…

deja que la marea alta
venga hacia mí

ya no le tengo miedo
a dejarme ir

Estaba en un sueño silencioso.

Caminaba descalzo por un bosque
iluminado por la luna,
la tierra musgosa entre mis pies,
cuando me topé con una criatura
de pelaje plateado y brillante.

¿Era una coneja, una zorra o una loba?

La intenté distinguir pero no podía.

Ha pasado tanto tiempo desde la última vez que te vi
que ya ni sé cómo llevas el pelo ahora.

Tu mirada penetrante,
tan indescifrable como siempre,

y, sin embargo,
lo entendí.

"Sé que no puedo cambiar
el resentimiento de tu corazón,
pero al menos puedo escoger
cómo vives en el mío".

Solté el suspiro
más largo del mundo

tan hondo,
tan liberador,
que casi me despierta

y tú…
simplemente te fuiste.

Sin tan siquiera mover ni una sola hoja,
Sin detenerte ni una sola vez para mirar hacia atrás.

—*Nos dejamos ir*

A veces soy más feliz solo.
A veces necesito apoyo.

A veces me siento seguro, fuerte y centrado
y otras inseguro, desequilibrado y asustado.

A veces logro captar rastros de mi ser más elevado
y a veces me cuesta reconocer el trabajo que he logrado.

A veces lo entiendo todo con claridad.
A veces no me encuentro en ningún lado.

Me ha tomado toda una vida de "a veces"
para entender el ritmo en el que mi corazón crece.

Para finalmente poder honrarlo y aceptarlo.
Para amar y transformarme en la versión de mí
con la que he soñado toda mi vida.

Ahora entiendo que fue necesario
para verlo todo con más claridad

tanto flotar en un mar luminoso
como aprender a bailar en la oscuridad.

Estoy haciendo lo mejor que puedo
con lo que tengo.

Puede que no sea perfecto,
pero al menos es mío.

Se ha hecho más difícil
con el tiempo.

Transmutar estas frustraciones
a una expresión honesta.

Me lo sigo recordando:

Después que esto sea real para mí,
Después que yo esté siendo real conmigo mismo,

eso es lo que de verdad importa, ¿no?

Después que sea real para mí…

Puedo estar satisfecho.

Si hoy se te hace difícil
amarte tal como eres

puedes practicar
tenerte compasión.

"Reconozco
en mi corazón
que estoy haciendo
lo mejor que puedo".

Si no logras
encontrar compasión.

Entonces,
al menos
tente paciencia.

"Yo sé que sanar
no es un proceso lineal
y desaprender patrones
que he repetido por años
es algo que tomará tiempo".

Si hasta la paciencia se te escapa.

Por último,
ofrécete honestidad
y obsérvate sin juzgar.

"Hoy se me hizo difícil
y mañana quién sabrá
pero al menos por hoy
puedo aceptar esta verdad".

Si hay algo que quiero que tengas claro
es que nada de esto ha sido en vano.

"Si ayer sufrí por diez horas corridas
y hoy solo fue por nueve

puede parecer poco
pero un paso es un paso

cuando el camino del amor
es el que me mueve".

Dondequiera que enfoques tu intención,
ahí crecerá tu amor.

anoche
caminé mis manos
por cada rincón
de mi paisaje envejecido

cada loma y cada cerro
cada valle y cada cañón
cada risco y cada grieta
cada derrumbe silencioso

y con mi caricia tierna
le pedí perdón

por tanto sentir vergüenza
por no cuidarme mejor
por dejarme desmoronar
bajo el peso de tantos años

y mientras tanto
ella seguía

sosteniéndome
cargándome
y perseverando

me llevó
mil sequias
e incendios
para finalmente
entender

mi cuerpo es la Tierra
y la Tierra es mi ser.

Déjame descansar aquí
por un momento
en esta calma efímera
luego de la tormenta

donde la luz
que aún vive en mí
atravesó las nubes
solo para recordarme.

Estoy aquí
Estoy contigo.

Acompañando tu soledad.
Tu soledad acompañada.

nada nos pertenece

nada
excepto este momento

es nuestro
solo por un instante

y luego se desvanecerá.

Nos desvaneceremos.

deja que este momento sea
lo que tenga que ser

mientras más me rindo a este momento
mientras más acepto en vez de resistir
mientras más suelto en vez de aguantar

más mi vida abre su corazón a mí

Dejé de buscar
un *Para Siempre*
en corazones ajenos
y encontré
Presencia
en el viento pasajero

La vida se ve muy distinta
a como era antes
pero se siente más cerca
de mis sueños.

Una mañana tranquila
rodeado de la naturaleza.

Tan simple como
tiempo juntos,

en paz.

nunca necesitaba
hacer más

siempre
he sido suficiente

cuanto menos hago
más soy

y más estoy
en el presente

por tanto tiempo lamenté
que la persona que amaba ser
nunca regresaría a mí

así
que imagina mi sorpresa
cuando la noche en que la dejé ir

pude volver a enamorarme
de una versión nueva de mí

El otro día mi mente desenterró
una tormenta vieja y conocida.

Mi primera reacción fue expresarla
pero yo sé que palabras hirientes
solo dejan ruinas tras su paso.

Después intenté reprimirla,
pero hasta la represa más fuerte
tiene su punto de romperse.

Y por fin me senté a observarla
sin juicio, ni vergüenza, ni culpa,
y en ese instante,
me atravesó.

Pude ver
su belleza escondida.

Lo que me trajo
para enseñarme
venía a sacudirme
pa' despertarme.

Encontré la verdad
en lo que sentía
y no quedó duda alguna en mí.

Esta tormenta vino a recordarme

si está surgiendo
es pa' dejarlo ir

el día que intercambié
mi resentimiento
por agradecimiento

toda mi vida cambió

Poder dar gracias por las cosas más difíciles de mi vida no es invalidar mis experiencias. No es pasar por alto o reprimir. No es celebrar, justificar o condonar abuso, abandono, traición, violencia o trauma. Dar gracias es decir YO SOBREVIVÍ y estoy adueñándome de mi vida en vez de ser víctima de ella.

No doy gracias por el daño que me hicieron.

Doy gracias porque al lograr atravesar ese dolor pude encontrar una nueva vida llena de personas, lugares, experiencias y lecciones que jamás hubiese conocido si no fuese por eso.

Dar gracias por mis desgracias pone el poder de vuelta en mis manos y transforma como mi mente se relaciona con mi dolor.

Ya deja de ser:

"Es por eso que soy como soy".

Y lo intercambia por:

"Fue la tormenta que encendió el fuego en mi corazón y dio paso a mi más grande transformación".

Tomé la decisión
de volver a vivir
y cada paso
que he dado
sobre esta Tierra
desde entonces

se ha vuelto sagrado

Era un día tormentoso.
Había tenido
muchos de esos últimamente.

Claro, quería quedarme adentro.
Quedarme en la falsa sensación de seguridad que me ofrecen mi miedo y mi vergüenza, solo porque llevamos tanto tiempo juntos… pero pues, no lo hice.

Salí.

En parte por obligación.
En parte por valentía.
Salí al mundo gris.

Y para mi sorpresa,
después de atravesar la tormenta
(o más bien dejarla pasar),
todos los colores que había escondido
en mi fracturado corazón de vidrio
entre mar y nubes
estallaron
para pintar el mundo en cada tono
de amor que jamás había presenciado.

Ese amor que tan bien conocía.

Sabía que aún estaba en mí.

una llama durmiente
despierta en mí

como un rito
que el tiempo
olvidó

pero ves,
estas chispas
cargan memoria

y regresar
es recordar

el fuego de mi corazón

todo este tiempo

no sabía
que estabas
tan cerca de mí

pero…
siempre fuiste tú,
¿verdad?

llenándome los pulmones
y latiendo en mi pecho

siempre estuviste aquí

en mí

Nutrir un amor propio puede ser retante.
Pues nos pide que enfrentemos sentimientos que nadie nunca nos enseñó cómo superar.

Tente mucha paciencia y compasión.

Está bien no estar ahí todavía.
Está bien sentir soledad.
Está bien necesitar de los demás.

Solo intenta recordarte
que aún si no hay nadie más

todavía quedas tú.

Sé que a veces puede parecer que no es suficiente, pero con tiempo los pequeños gestos de amor pueden generar grandes transformaciones.

Intenta esto.

Abrázate por un segundo
si lo necesitas
y repítete esto
en tu voz más cariñosa.

"Yo me sostengo. Aunque no haya nadie más. Todavía me tengo".

Siéntate con ese sentimiento por un momento y verdaderamente abrázate.

Esto eres tú convirtiéndote
en el amor que tanto anhelas.

“no tengas miedo de crecer”

me dijo

y un bosque entero
brotó de mi pecho

regresa a mí,
luz de mi corazón.

Ya no hay nada que temer.

de repente
llegará un momento

una vez que te hayas entregado

cuando
aparentemente
de la nada

pero
en realidad
desde todas partes

todo
se
alineará
otra vez

solo tienes que dejar que suceda

la misma marea creciente
que me arrastró tan lejos
de las partes de mí
que tanto amaba
fue la misma
que luego
me traería de vuelta
a casa

y a mí

ahora,
cada vez que toco el agua,
lo puedo recordar

si no hubiera aprendido
a dejarme ir

todavía estaría perdido
en el mar

Yo soy un ser multidimensional.

Cuido, acepto y doy amor a todas las partes de mí: mi luz, mi sombra y todos los tonos de gris. Me adapto y permito salir cual sea la vida me pida, y la honro, no como menos ni más, sino como una parte esencial de mi ser más auténtico. No limito quien soy a interpretaciones ajenas. No limito mi capacidad de ser una persona nueva. Mi potencial es infinito: expansivo y siempre cambiante.

Yo soy un ser multidimensional.

finalmente
te entiendo mejor,
mi luz.

Siempre
estuviste guiando
mi sanación.

Solo tenía que aprender
a verte

no solo con mis ojos,
sino con el corazón.

El tiempo y el lugar
donde te toca estar
no es otro
que aquí y ahora.

El umbral del corazón
abriéndose.

hasta los fines de la Tierra caminé
por un sendero invisible
solo para encontrarte
y habitarte
para volverme tu reflejo
y volver a amarte

mi verdadero
ser

hay una voz escondida
en la barriga de tu silencio
susurrándole tus anhelos
a las aguas del bosque.

Si te entregas
y confías

dejas que ella sea tu guía

río abajo
hasta el valle

llegarás
de vuelta a ti

esperé
tal y como me pediste

todo lo que pude
solo por escuchar
aunque fuera
un susurro tuyo
en el viento

pero tu silencio
ya me dijo

se acabó

le di mil vueltas en mi cabeza
si se acabó, pues, ¿qué me queda?

“ay,
mi alma,
mi mundo,
mi amor,
mi aliento,

aún te queda
un universo entero
escondido en tu pecho”.

La encontré,
no perdida,
sino vagando
en mis memorias
más borrosas

apenas recuerdo mis sueños
pero sí recuerdo lo que me dijo.

"Me estaba negando a vivir
y entonces la vida siguió sin mí".

Me descubrí,
no perdido,
sino vagando
en los más frágiles
de mis límites

mis heridas más profundas
mis patrones

mi profecía
autocumplida

Ves

Llevo huyéndole a mi miedo,
a mi culpa y a mi vergüenza,
pero por más que este dolor rime,
sé que no es lo mismo.

Yo tampoco lo soy.

Solo tengo que recordármelo
en cada respiro.

Inhalo profundo.
—Soy más de lo que era.

Exhalo largo con un suspiro.
—Ya dejaré de esconderme.
No dejaré que mi vida pase sin mí.

Te lo puedes quedar.

Este mar de vergüenza
nunca fue mío.

No puedo creer
cuánto tiempo cargué
con todo este peso vacío.

Me estaba ahogando
en la superficie
y en lo profundo
había quedado deshecho.

¿Cómo iba a poder ver el amor
que me rodeaba
con mi cara enterrada
en mi pecho?

Así que me hice una promesa
y el mar en silencio la presenció.

Dije…

"No hay nadie en este mundo
que sepa mi verdad mejor que yo.

Todo el trabajo que me he dedicado.
La oscuridad que he superado.
Todos los años enfrentándome
hasta finalmente lograr estar de mi lado
y sentirme digno de mi propio amor,
de mi compasión, de mi perdón.

Tantas historias que me formaron
de las que nadie jamás se enteró.

Así que, ¿a quién le debo
todo lo que soy?

¿Quién andará
este camino conmigo?

Solo quienes reflejen
mi amor para atrás

¿Y el resto?

Te los puedes quedar.

Su mar de vergüenza
nunca fue mío".

¿Recuerdas todas las veces
que querías rendirte?
¿Que dudabas de tu fuerza?
¿Que el sufrimiento parecía ser eterno
y que no tenías el poder de cambiar nada?

Sí
Yo también las recuerdo

y sin embargo
aún estamos aquí.

Aún seguimos respirando,
seguimos sanando,
seguimos aprendiendo,
y seguimos amando.

El propósito de todas estas pruebas
nunca fue destruirnos.

Sino formarnos.

Así que capaz en algún lugar
dentro de todo
podamos encontrar un espacio
para agradecer las lecciones
que nos han forjado.

Yo aquí
viéndonos aún crecer
puedo decir con honestidad
que creo profundamente
en quiénes somos capaces de ser

y estoy tan agradecido
de que aún sigamos aquí.

Estoy tan agradecido de aún seguir aquí.

no hay nada fuera de mí
que me esté impidiendo vivir
una vida que pueda amar

de veras
nunca lo hubo

ahora lo puedo ver

Las partes de mí
que antes solo buscaban
rechazar, suplicar o reprimirme
ahora son las mismas que sirven para
ofrendar, recibir y abrirme.

Nada fuera de mí tuvo que cambiar
para que todo en mi vida lo hiciera.

Años han pasado y he regresado aquí
al mismo lugar donde estaba
pero todo se siente nuevo para mí.

Nada fuera de mí tuvo que cambiar.

Solo las historias que me estaba contando.

Lo mejor que he hecho por mi corazón
fue permitirme seguir cambiando.

Todos esos años
que pasé en la oscuridad
me enseñaron tanto
pero ya me siento listo
para salir a la luz.

Todo ese peso que cargaba
sirvió para formarme
pero ya me siento listo
para ser liviano otra vez.

Yo escojo.
Yo permito.
Yo acepto
y me convierto

en una luz liviana.
En una liviana luz.

Ven,
sé ambas conmigo.

Llevas tiempo arrastrándote
en dudas sin respuestas.

Como si hubieras olvidado
que fue este mar picado
que dio forma al suelo
sobre el que te acuestas.

Pero es que tú
mi amor
tú eres

eres las olas que tallan la tierra
y eres la tierra por siempre cambiándose

eres la luz y también la sombra
que llevan la eternidad abrazándose.

Tan lejos te has arrastrado
que al fin has llegado
a este atardecer.

Es hora de levantarte de nuevo
Amor.

Hora de pararte en tu poder.

Lo había entendido todo al revés.

Nunca se trataba de volver
a un mejor momento
o a una mejor versión de mí.

Esta lección
trataba sobre
comenzar de nuevo
una
y otra vez
hasta mil veces
si así tenía que ser

tantas veces como te haga falta
para soltar todas las viejas versiones de ti
que tuvieron que morir
y hacerse suelo fértil
para que tú pudieras crecer

pudieras ver
pudieras recordar
pudieras finalmente regresar
a tu hogar

en ti
en mí

en el amor

Este corazón que te ofrezco
es mi tesoro más preciado.

Fue forjado en el sol
y curado en el mar.

Enfrentó tormentas y pérdidas,
muertes y renaceres
más veces de las que puedo contar.

Hasta que finalmente una vez
fue tan fuerte que se rompió
que al partirse se abrió
y de su profundidad
brotó un mar
de solo amor incondicional.

Ahí fue que entendí
de lo que de veras estoy hecho.

Nunca me tocaba solo ser
una tormenta en mar ajeno.

Me tocaba crecer
y aprender a fluir
con este Mar de Luz
que siempre vivió en mí.

A sostener sin apretar
presenciar sin reclamar.

A devolverme mi amor
y sentir su calor en mi mano.

Este corazón que me ofrecí
es mi tesoro más preciado.

Yo sabía que tú podías.

Aún después de tanto tiempo
y de todo lo que te ha pasado.

Aun así,
seguiste creciendo,
más allá de las raíces
de tu sufrimiento.

Enfrentaste tu verdad
y aprendiste a amarte
no a pesar de
sino por ello.

Estas pruebas
te podrían haber
derribado
pero, en cambio,

mírate ahora.

Con más fuerza que nunca.
Más presencia que nunca.
Más agradecimiento que en toda tu vida.

Tan solo mírate ahora,
corazón mío.

Yo sabía.

Yo sabía que tú podías.

Todo lo que he sido.
Todo lo que he amado.
Todo lo que he perdido.

Lo honro y lo libero
de vuelta a su origen

de vuelta
a la fuente del amor
donde todas las cosas
se transforman.

Ya siento que puedo soltarlo todo.
Ya siento que puedo comenzar de nuevo.

Ya siento.

Ya estoy.

Ya soy.

epílogo : la estrella vespertina

El álbum *Inscape*, de Alexandra Streliski, suena de fondo.

Es jueves, mi día favorito de la semana.

Hace cincuenta años mi hija nació un jueves, y desde entonces siempre ha sido un día especial para mí. Es, ceremonialmente, nuestro día familiar. Una tradición que también le pasamos a los hijos de ella, y luego mis nietos la hicieron suya.

Mi nieto mayor, con quien siempre he tenido una conexión profunda, siempre es el primero en llegar y el último en irse.

—Oye, Papapa, ¿podemos ver tus libros otra vez? —me pregunta.

Mi memoria es un álbum lleno de historias y fotografías de todo el amor que he vivido. Me llevó mucho tiempo, pero a finales de mis treinta por fin lo reuní todo en un primer libro que luego se convirtió en una serie.

Eso hizo que recordar y volver a contar mis historias fuera mucho más fácil.

—Aquí está —dice, mientras se sienta al lado de la cama en la que llevo días acostado.

Abre el libro por los primeros capítulos y ahí estoy yo: joven y fuerte, con el pelo enchumbao de bañarme en el río, cayéndome hasta los hombros. El sol poniéndose sobre las montañas. El silencio y la profundidad de mi soledad. El nacimiento de mi arte.

Repasamos cada poema, cada foto, y las historias detrás de ellas. Recuerdo cómo aprendí a amarme en esas montañas, y cómo me llevé ese amor propio para viajar por el mundo.

Pasa las páginas y se detiene en una de sus favoritas: una foto mía en una encrucijada de vida. En aquel tiempo lo llamábamos un *mirror selfie*; yo sostengo un bastón de sabio en una mano y un palo de caballito de juguete en la otra.

"Ese fue un momento decisivo para mí" —digo, con una voz profunda y cálida. "En aquel entonces siempre tenía miedo de tener que escoger entre ser un sabio viajero o ser un hombre de familia".

"…¡y mírate ahora, Papapa! Mira la vida que construiste. Mira los sueños que hiciste realidad. ¿Quién lo hubiese pensado? Ni tú mismo podías imaginar las aventuras que la vida todavía tenía guardadas para ti. Lo único que tenías que hacer era seguir tu verdad". Se me aguan los ojos de tan solo pensarlo. Este muchacho siempre sabe qué decir para ponerme sentimental.

Pasa unas páginas más y cae en una foto mía con mi hija adolescente en la cima de una montaña remota, en uno de nuestros viajes anuales de padre e hija. Eso que yo pensaba que nunca iba a poder hacer terminó siendo nuestra cosa favorita.

Si yo me hubiese rendido ante el miedo de sentirme atrapado, momentos así jamás hubieran existido.

Pienso en esos primeros tres años desde que nació mi hija, y entiendo que probablemente fueron los años más importantes de mi vida.

Por mucho tiempo cargué resentimiento en el corazón: hacia su mamá, hacia personas que me hirieron, hacia circunstancias en las que me dejé victimizar. Es una locura pensar que ese resentimiento fue la clave para que todo cambiara en mi vida. Mejor dicho: soltar ese resentimiento fue la clave que cambió mi vida entera.

"Necesitabas hacer espacio", dice él. "El resentimiento te estaba impidiendo ver cuán bendecido estabas. Cuán apoyado estabas. Cuán visto y querido estabas. Soltar el resentimiento fue tu camino hacia la verdad y la liberación".

"Diantre, nene... ¿y cómo tú te pusiste tan sabio?" —le digo, riéndome.

"Llevo escuchando tus historias por más de dieciocho años, Papapa. He aprendido de ti. He aprendido de tus errores, pero sobre todo, he aprendido de tu amor. Pocas personas llegan a vivir una vida tan plena como la tuya. Tú eres prueba de que las cosas pueden cambiar. De que podemos vivir nuestros sueños. De que nuestras dificultades no vinieron a rompernos, sino a formarnos. De que podemos transmutar el sufrimiento en dicha y satisfacción. Te lo probaste a ti mismo, y le abriste un camino a nuestra descendencia. Este amor que nos dejaste va a vivir en mí y en generaciones futuras. Estoy tan orgulloso de ser tu nieto. Estoy tan orgulloso de ti".

Sonrío con cada fibra de mi cuerpo,
y cierro los ojos una última vez...

Estoy tan satisfecho.

Agradecimientos

Hace quince años, un astrólogo me dijo que algún día iba a escribir un libro. Yo me hice el loco, piché y seguí con mi vida. “Soy artista, no escritor”, me dije. Bueno, después de unas cuantas catástrofes que me cambiaron la vida, un viaje solo alrededor del mundo, un matrimonio, una hija, una enfermedad crónica y un divorcio, aquí estamos. Probablemente debería ir a buscarlo otra vez y darle una copia.

Este libro no existiría sin la energía, el amor y el apoyo de innumerables personas a lo largo de los últimos siete años. Primero, quiero darle las gracias a mi agente literario, Steven Harris, por su mentoría, su experiencia y su corazón siempre presente. Me ayudaste a mantenerme a flote y enfocado durante una de las etapas más desafiantes de mi vida. Siempre estaré agradecido de que me ayudaras a conseguir el contrato de mis sueños.

A mi editora, Michelle Herrera, gracias no solo por lanzarte conmigo en este camino, sino por ayudar a que este libro se convirtiera en algo mucho más grande de lo que jamás hubiese imaginado. Tu sensibilidad, tu apertura y tus preguntas desde el corazón desbloquearon partes de mí que merecían estar en estas páginas. Gracias por verme.

A todo el equipo de Primero Sueño, gracias por ser un grupo de personas tan encantador, paciente y generoso con quienes trabajar. Desde el arte hasta el diseño del libro, gracias por darle vida a mi visión y elevarla.

A mi querida amiga y mentora Kym Pham, cuyos grupos de escritura literalmente me salvaron en uno de los puntos más bajos de mi vida. Siempre viste la luz en mí, incluso cuando yo no podía verla, y me ayudaste a recordar que siempre fui escritor.

A la madre de mi hija, Christine, gracias por darme el regalo más grande de mi vida, nuestra Mar de Luz, y por creer en mi potencial de una manera que se convirtió en el catalizador de todo esto. Estoy agradecido y orgulloso de nuestro camino de co-crianza.

A mis amigos escritores que me inspiraron a creer en mí, Diego Perez, Brianna Pastor y Ron Lim, gracias por abrirme camino a mí y a tantos otros. Ustedes son prueba viva de lo que es posible cuando te entregas a tu arte y al servicio de los demás. Gracias por ser una luz guía en la oscuridad.

A mis padres, Irma y Juan, gracias por confiar en que su hijo raro, sensato y "alternativo" algún día encontraría su rumbo. Gracias por dejarme ser quien siempre he sido y por ser el viento en mis alas.

A todas las personas que he amado, las que se quedaron y las que se fueron, especialmente quienes me sostuvieron durante esta temporada tan retante de mi vida, no hubiera sobrevivido la tormenta sin ustedes.

Por último, quiero agradecer a dos personas que ayudaron a formar mi corazón, mi escritura y mi sentido de propósito, y que ya no están con nosotros: Janine y Benson. Mis recuerdos de ustedes son campos dorados infinitos de luz. Siempre serán parte de mi corazón y mi amor por ustedes vivirá para siempre en estas palabras.

Gracias. Gracias. Gracias.

fernando samalot es un poeta, fotógrafo y artista audiovisual de Puerto Rico.

Su escritura y práctica artística exploran temas como la relación entre la luz y la oscuridad, la dualidad, el amor incondicional, la pérdida, la vulnerabilidad, la conexión, la entrega y la presencia, para honrar todos esos aspectos que nos moldean como seres multidimensionales.

Un apasionado creyente en el poder sanador del arte, comparte su mundo interior con la intención de crear conexión e invitar al lector a tocar algo más profundo dentro de sí.

Un lugar sagrado dentro de nosotros
donde nuestro amor puede crecer.

Puedes seguir su escritura y su arte en todas las redes como @fernandosamalot.